こうすればできる!
算数科 はじめての
問題解決の授業
100の授業プランとアイディア

早勢裕明・算数科「問題解決の授業」の日常化を考える会 編著

教育出版

はじめに

■「問題解決の授業」の日常化で「主体的・対話的で深い学び」を

「問題解決の授業」とは，「教師の一方的な説明とドリル中心の授業」や「一問一答による誘導のような授業」と決別する指導方法です。中央教育審議会教育課程部会では，次期学習指導要領等を視野に，「主体的・対話的で深い学び」の視点による不断の授業改善を求めています。

「問題解決の授業」は，教師が提示する「問題」をきっかけとして，子どもが目的意識をもって「課題」を見いだし主体的に考え続け，みんなで表現し合って解決していきます。それは，「主体的な学び」であり「対話的な学び」に自然となります。そして，みんなで考えを出し合うことで，自分とは異なる考えに触れ，よりよい考えや表現を見つけ出す「深い学び」が実現できるのです。これは，中島健三氏（2016）が述べた次の言葉を，対話的な学びで実現すると考えています。

> 算数や数学で，子どもにとって新しい内容を指導しようとする際に，教師が既成のものを一方的に与えるのではなく，子どもが自分で必要を感じ，自らの課題として新しいことを考え出すように，<u>教師が適切な発問や助言を通して仕向け，結果において，どの子どもも，いかにも自分で考え出したかのような感激をもつ</u>ことができるようにする
>
> （下線は早勢）

ただ，このような「問題解決の授業」は，日常的に実践してこそ「数学的な見方・考え方」を働かせることが繰り返され，「知識・技能」や「思考力・判断力・表現力等」，「学びに向かう力・人間性」という資質・能力がバランスよく育まれるのです。それは，授業の型に拘泥することなく，子どもが「考えることが楽しい」と感じられる授業を日常化することにほかなりません。

■本書の見方など

本書は，「問題解決の授業」に，はじめて取り組もうとされている先生や学生をイメージして作成しました。

Point 1～10の理論編は，授業づくりのアイディアについてポイントがわかりやすいよう，Before & After の形で示しました。また，実践編では，教育出版の教科書「小学算数 1～6」の全100単元を参考にして，1時間目を基本に，日常的に実践可能な授業プランの提案に努めました。

では早速，次ページの学習指導案の Before と After を比較し，改善点を探してみてください。どちらも第3学年「分数」（6／10時間扱い）の授業です。

本時の目標は，「簡単な同分母分数の加法の仕方を説明できる（知識・理解）」です。授業の内容もそうですが，授業の「指導過程」に大きな違いがあることが分かると思います。

■Before は，「前時の復習」→「課題提示」→「問題把握」→「見通し」となっています

本時で使う既習事項を確認した後，「たし算のしかたを考えよう」と課題を与えてから，問題を示して「どんな式になりますか」という展開は，不自然です。子どもは「たし算に決まってるよ」という思いでしょう。そして，解決方法の「見通し」と長い「自力解決」が特徴的で，肝心の話し合いは軽い扱いになっています。

iii

■Afterは,「問題」について,まずちょっと「試行錯誤」し,子どもの「？」から「課題」を明確にしています

　その後,短い「個人思考」を経て,みんなで考え合う「集団解決」を通して,本時の目標である「知識・理解」を確かにしようとしています。

　なお,実践編の各実践事例に示している Point❶ などは,「問題解決の授業」をつくるポイントとなる箇所を表しています。

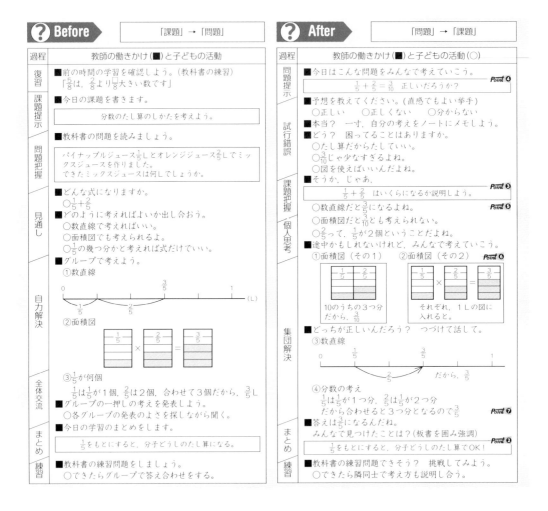

　本書は,編著者が研究代表の「算数科における問題解決的な学習の日常化に関する教師教育の視点からの研究」〔平成26～28年度科学研究費補助金・基盤研究（C）26381169〕をもとにまとめたものです。

　最後になりましたが,「問題解決の授業」の手引書をまとめる機会をいただき,出版にあたって大変お世話になりました教育出版企画制作部の阪口建吾課長に厚くお礼を申し上げます。

2017年2月

早勢　裕明

目　次

はじめに

Ⅰ　理論編

Point 1　「本時の目標」を十分に吟味する ……………………………… 2

Point 2　「本時の目標」と「まとめ」を正対させる ………………… 4

Point 3　「問題」をきっかけとして「課題」は子どもたちから ……… 6

Point 4　導入で提示する「問題」を工夫する ………………………… 8

Point 5　「個人思考」では「集団解決」の構想を練る ……………… 11

Point 6　子どもたちで見つけたと感じる「集団解決」にする ……… 14

Point 7　「終末」では確認問題や練習問題もしっかり行う ………… 17

Point 8　考え続けることを促す「板書」を意識する ……………… 20

Point 9　考えた足跡が残る「ノート」指導に努める ……………… 22

Point 10　授業内容と関連した「評価問題」を工夫する …………… 24

Point 11　必要感のある教科書の活用をする ………………………… 26

Ⅱ　実践編

実践事例 1　　1年　いくつかな ……………………………………… 28

実践事例 2　　1年　なんばんめ ……………………………………… 30

実践事例 3　　1年　いま　なんじ …………………………………… 32

実践事例 4　　1年　いくつと　いくつ ……………………………… 34

実践事例 5　　1年　ぜんぶで　いくつ ……………………………… 36

実践事例 6　　1年　のこりは　いくつ ……………………………… 38

実践事例 7　　1年　どれだけ　おおい ……………………………… 40

実践事例 8　　1年　かずを　せいりして …………………………… 42

実践事例 9　　1年　10より　大きい　かず ………………………… 44

実践事例 10　　1年　かたちあそび …………………………………… 46

実践事例 11　　1年　3つの　数の　たし算，ひき算 ……………… 48

実践事例 12　　1年　たしざん ………………………………………… 50

実践事例 13　　1年　ひき算 …………………………………………… 52

実践事例 14　　1年　くらべかた ……………………………………… 54

実践事例 15　　1年　大きな　かず …………………………………… 56

実践事例 16　　1年　なんじなんぷん ………………………………… 58

実践事例 17　　1年　どんな　しきに　なるかな …………………… 60

実践事例 18　　1年　かたちづくり …………………………………… 62

実践事例 19　　2年　表とグラフ ……………………………………… 64

実践事例 20　　2年　時こくと時間 …………………………………… 66

実践事例 21　　2年　たし算 …………………………………………… 68

実践事例 22　　2年　ひき算 …………………………………………… 70

v

実践事例 23	2年	長さ(1)	72
実践事例 24	2年	100より大きいかず	74
実践事例 25	2年	たし算とひき算	76
実践事例 26	2年	水のりょう	78
実践事例 27	2年	三角形と四角形	80
実践事例 28	2年	かけ算	82
実践事例 29	2年	かけ算九九づくり	84
実践事例 30	2年	長さ(2)	86
実践事例 31	2年	九九の表	88
実践事例 32	2年	はこの形	90
実践事例 33	2年	1000より大きい数	92
実践事例 34	2年	図をつかって考えよう	94
実践事例 35	2年	1を分けて	96
実践事例 36	3年	かけ算のきまり	98
実践事例 37	3年	たし算とひき算	100
実践事例 38	3年	時刻と時間	102
実践事例 39	3年	わり算	104
実践事例 40	3年	長さ	106
実践事例 41	3年	表と棒グラフ	108
実践事例 42	3年	あまりのあるわり算	110
実践事例 43	3年	10000より大きい数	112
実践事例 44	3年	円と球	114
実践事例 45	3年	かけ算の筆算(1)	116
実践事例 46	3年	重さ	118
実践事例 47	3年	分数	120
実践事例 48	3年	三角形	122
実践事例 49	3年	小数	124
実践事例 50	3年	かけ算の筆算(2)	126
実践事例 51	3年	□を使った式と図	128
実践事例 52	3年	そろばん	130
実践事例 53	4年	大きな数	132
実践事例 54	4年	わり算の筆算(1)	134
実践事例 55	4年	折れ線グラフ	136
実践事例 56	4年	がい数	138
実践事例 57	4年	わり算の筆算(2)	140
実践事例 58	4年	式と計算	142
実践事例 59	4年	がい数を使った計算	144
実践事例 60	4年	面積	146
実践事例 61	4年	整理のしかた	148
実践事例 62	4年	角	150
実践事例 63	4年	小数のしくみとたし算，ひき算	152

実践事例 64	4年	垂直と平行	154
実践事例 65	4年	変わり方	156
実践事例 66	4年	そろばん	158
実践事例 67	4年	小数と整数のかけ算，わり算	160
実践事例 68	4年	立体	162
実践事例 69	4年	分数の大きさとたし算，ひき算	164
実践事例 70	5年	整数と小数	166
実践事例 71	5年	体積	168
実践事例 72	5年	小数のかけ算	170
実践事例 73	5年	合同な図形	172
実践事例 74	5年	小数のわり算	174
実践事例 75	5年	整数の性質	176
実践事例 76	5年	分数の大きさとたし算，ひき算	178
実践事例 77	5年	平均	180
実践事例 78	5年	単位量あたりの大きさ	182
実践事例 79	5年	わり算と分数	184
実践事例 80	5年	三角形や四角形の角	186
実践事例 81	5年	表や式を使って	188
実践事例 82	5年	割合	190
実践事例 83	5年	帯グラフと円グラフ	192
実践事例 84	5年	分数と整数のかけ算，わり算	194
実践事例 85	5年	四角形や三角形の面積	196
実践事例 86	5年	正多角形と円	198
実践事例 87	5年	角柱と円柱	200
実践事例 88	6年	文字を使った式	202
実践事例 89	6年	対称な図形	204
実践事例 90	6年	分数のかけ算	206
実践事例 91	6年	分数のわり算	208
実践事例 92	6年	速さ	210
実践事例 93	6年	円の面積	212
実践事例 94	6年	比例と反比例	214
実践事例 95	6年	角柱と円柱の体積	216
実践事例 96	6年	比	218
実践事例 97	6年	拡大図と縮図	220
実践事例 98	6年	場合の数	222
実践事例 99	6年	資料の調べ方	224
実践事例 100	6年	いろいろな単位	226

引用・参考文献　228
おわりに　229

I

理 論 編

「本時の目標」を十分に吟味する

1時間の授業は「本時の目標」の達成をねらう教師の意図的な営みです。「本時の目標」が漠然としていては，授業の成否を判断できないことはもとより，教師の指導に「ズレ」や「ブレ」を生じさせてしまいがちです。

「よい授業」とは

相馬氏（2016）は「よい授業」を次のように定義しています。

> Ⅰ　生徒が主体的に取り組み，考え続けている授業
> Ⅱ　目標が適切に設定され，それが達成される授業

授業は本時の目標の「達成」だけでなく，その目標が「適切」に設定されているかも十分に吟味しなければなりません。

本時の適切な目標を子どもの具体的な姿で書く

目標には，大きく分けて次の3つの水準があります。

> ①　達成的目標：達成されたか否か明確に知る手段がある。
> ②　向上的目標：ある方向へ向かって向上，深化が要求される。
> ③　体験的目標：体験を通して感動や満足感を得る。

本時の目標のように短い期間の目標は達成的目標として，子どもの具体的な行動で表す「行動目標」で書きたいものです。そうすれば，本時の目標が達成されたと判断する子どもの具体的な姿が明確になり，指導や評価も目標と一体化したものにできます。

子どもの具体的な姿はB規準にもなる

例えば，「二等辺三角形について理解できる」と「二等辺三角形を弁別し説明できる」ではどうでしょうか。前者はどのような子どもの姿が目標を達成した姿か明確ではありませんが，後者ならそのようなことはなくなります。このように本時の目標を具体的に設定すれば，評価規準のB規準を作成したことになるとも考えられます。

評価の観点を意識して1～2つに焦点化する

本時の目標が評価の観点すべてに対応させて4つもある学習指導案を目にすることがあります。「評価規準の作成，評価方法等の工夫改善のための参考資料【小学校算数】」（国立教育政策研究所，2011）には，次のような記述があります。

- （前略）1単位時間の中で4つの観点全てについて評価規準を設定し，その全てを評価し学習指導の改善に生かしていくことは現実的には困難であると考えられる。(p.14)
- （前略）各観点で1単元（題材）内で平均すると1単位時間当たり，1～2回の評価回数となるよう指導と評価の計画を示した。(p.15)

（下線は早勢）

単元を通して各観点をバランスよく評価することを念頭に，本時では，1～2つの目標に絞って，行動目標のかたちで書くようにするなど，「本時の目標」を十分に吟味したいものです。

◆Beforeは，第4学年「分数」（1／11時間扱い）の授業です

本時の目標は，「真分数，仮分数について理解する」となっています。授業の流れは問題解決の授業のように見えますが，子どもの姿としての「行動目標」が不明確で，さらに教師の意図する評価の観点との「ズレ」も生じ，指導が「ブレ」る可能性があります。

◆Afterは，本時の目標を子どもの「行動目標」として書いています

本時では，子どもが「$\frac{1}{5}$mをもとにして考える」「いくつ分と考える」などの既習事項を用いて考えを表現したり，図を読み取ったりして，「Bは1mより大きい」「1mといくつで表せる」などと説明する姿が期待されます。「既習事項や図などをもとに～」と目標を子どもの姿として記述することで，評価規準（B規準）を作成したことにもなり，授業のどの場面において，本時の目標が達成されたか判断しやすくなり，A規準やC規準の子どもに対する手だても考えやすくなります。

また，本時の目標を設定するにあたっては，単元の指導計画や評価計画との整合性にも留意し，各観点がバランスよく指導・評価できるようにする必要があります。

「本時の目標」と「まとめ」を正対させる

　「まとめ」は「本時の目標」がねらうゴールともいえます。「主体的な学び」や「深い学び」の視点からも、「対話的な学び」としても、教師が一方的に「本時のまとめ」をお下げ渡しのように行うということは考えづらいはずです。

「本時の目標」との正対を一貫して意識する

　教師の意図ともいえる「本時の目標」は、導入で教師が提示する「問題」をきっかけとして、子どもの「？（はてな）」を引き出し、「課題」として翻訳されます。そして、それは、個人思考や集団解決を経て、子どもたちで見つけた「！（なるほど）」のかたちで「まとめ」となり、「練習問題」などでその達成が確認されます。これらが一貫して正対した授業を展開することが目標と指導と評価の一体化となるのです。

　そのため、「問題解決の授業」を構想する際には、「本時の目標」が達成されたゴールをイメージし、子どもの気づきを生かした「まとめ」を明確にすることが大切です。

子どもの気づき「！（なるほど）」を生かして

　次のような「まとめ」は、可能なかぎり避けたいものです。

> 「集団解決」での子どもたちの考えと関連づけることなく、
> ▶教師が一方的に「まとめ」の文章を板書する。
> ▶教科書の「まとめ」をただノートに写させる。

　どちらの「まとめ」も形式的で、子どもたちで見つけたという実感とも程遠く、知識や方法の持続につながりづらいからです。教師は「本時の目標」に強引に関連づける覚悟で、「集団解決」での子どもたちの反応にアンテナをはり、目標達成につながる発言やつぶやきを子どもたちへ問い返して確認・強調することで、本時の「まとめ」はほぼ終わったも同然という状況がつくれます。その際、次のような板書に心がけたいものです。

> ◎大切な考えのキーワード等を黄チョークで板書する。
> ◎大切な部分に赤チョークでアンダーラインや囲みをつける。
> ◎大切な部分を矢印でつなぎ、関連することを強調する。

教科書の活用も意図的に

　なお、教科書が子どもにとって、学習の振り返りなどの拠りどころになることから、集団解決での子どもたちの考えや気づきと関連づけて教科書の記述を確認し、みんなで見つけたという感激につなげることも大切です。

◆**第6学年「対称な図形」（3／11時間扱い）の授業です**

　本時の目標は，「対応する頂点を結ぶ直線と対称の軸との関係を調べ，対称な図形の性質を見つけて説明できる（数学的な見方・考え方）」と設定しています。「集団解決」まではどちらも同じような展開ですが，その後の「まとめ」や「練習問題」に違いがあります。「まとめ」や「練習問題」によって，子どもたちの目標の達成感に大きな差が生まれます。

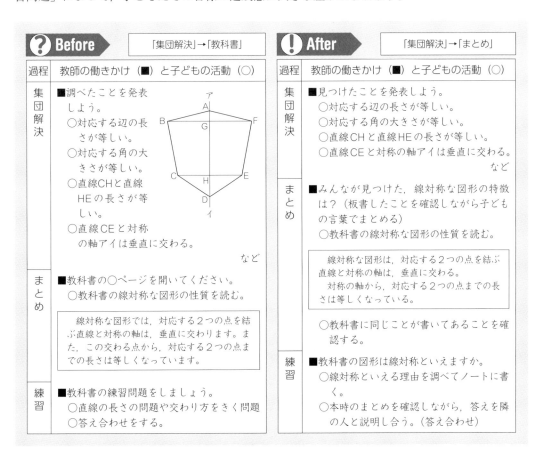

◆**Beforeは，「集団解決」→「教科書確認（まとめ）」という流れです**

　集団解決では，見つけた「対称な図形の性質」を発表させ，そのポイントを板書していきます。しかし，子どもには発表させるだけで，まとめは，教科書を読ませて行う展開です。子どもたちが，「個人思考」や「集団解決」で調べたり，考えたりしたことを教科書で確認するという意図ですが，これでは，「みんなで見つけたこと」と「まとめ」の関連がわかりづらく，達成感を得られないのではないでしょうか。

◆**Afterは，「集団解決」→「まとめ」という流れです**

　「個人思考」や「集団解決」で，子どもたちが見つけた「！（なるほど）」を生かしてまとめていくようにしています。そのために，「みんなが見つけた線対称の図形の特徴は？」と発問し，子どもたちの気づきを，そのまま「まとめ」として取り上げています。子どもたちが発見したことを教師が価値づけすることにより，子どもたちは「みんなで解決できた」という達成感を得ることができます。また，まとめを生かして考えさせる「練習問題」とすることで，教師は子どもたちが「本時の目標」を達成できたかどうかを見取ることができます。

「問題」をきっかけとして「課題」は子どもたちから

Point 3

　1時間の授業における「課題」は，子どもが目的意識をもって主体的に取り組むなど「主体的な学び」にきわめて重要です。

　教師は導入で提示する「問題」をきっかけとして，子どもたちから「課題」を引き出し，明確に板書したいものです。

　しかし，「問題提示」から「課題把握」までに時間がかかりすぎると，子どもの意欲が減退するだけでなく，後の展開が時間不足で中途半端になりかねません。細水氏（2012）は，授業の導入はおおむね7分以内を目安にすると述べています。

本時の目標でねらう子どもの姿を引き出す発問としての「課題」

　授業の第一義的な成否は「本時の目標」の達成いかんによるといえます。教師が授業を構想する際には，教師の意図ともいえる「本時の目標」がねらう「子どもの姿」を引き出す「発問」として「課題」を捉えるとよいでしょう。例えば，次のような「課題」が考えられます。なお，課題Aと課題Bは表現は違いますが，「計算の仕方の説明」をねらうところは一緒です。

> 【本時の目標】　0.5×3 の計算の仕方を説明できる。
> ⇒　【問　題】　$0.5 \times 3 = 0.15$　正しいだろうか？
> ⇒　【課題A】　0.5×3 の計算の仕方を考えよう。
> or　【課題B】　本当に正しい（正しくない）のか説明しよう。

問題をきっかけとして課題「？(はてな)」を引き出す

「課題」について，相馬氏の言葉がとても参考になります。

> ・「問題」をきっかけにして授業が始まり，その「問題」の解決過程で「課題」が生じる。
> 　「問題」：考えるきっかけを与える問い（教師が与えるもの）
> 　「課題」：「問題」の解決過程で生じた疑問や明らかにすべき事柄（子どもがもつもの）
> 　　　　　　　　　　　　　　　　　　　　　　　　　　　　　　　　　　　　　（相馬，1997）

　細水氏は授業づくりを考えるうえで，「本時の目標」→「なるほど！」(まとめ)→「はてな？」(課題)→「導入」(問題) という順番で構想しています。

> 　授業づくりを考える際，私はまず「本時でどのような力を育てるのか」を明らかにする。そして，一番押さえたい大切なことを子どもの口から引き出そうと考える。そのコツとして「なるほど！」を考える。「なるほど！」は本時のねらいに直結しているからである。次に，「なるほど！」に結びつく「はてな？」を考える。何もしなければ，子どもから「はてな？」は生まれてこないからである。続いて「はてな？」が引き出されてくる導入を考える。つまり，「はてな？」の言葉が子どもたちから生まれてくるように計画を立てていく。
> 　　　　　　　　　　　　　　　　　　　　　　　　　　　　　　　　　　　　　（細水，2014）

◆「困った」を生かして課題を引き出します（第5学年「わり算と分数」）

単元の1時間目の授業です。本時の目標は，「整数の除法の商を，分数を使った表し方で説明できる（知識・理解）」と設定しています。

	? Before 一問一答形式で		**! After** 「困った」を生かして
過程	教師の働きかけ（■）と子どもの活動（○）	過程	教師の働きかけ（■）と子どもの活動（○）
問題提示	■今日の問題はこれです。 　2Lのジュースを3人で正確に分けることはできるでしょうか。	問題提示	■今日の問題はこれです。 　2Lのジュースを3人で正確に分けることはできるでしょうか。
問題把握	■どんな計算になるか，問題文の注目する言葉に線を引いてみましょう。 ○「3人で分ける」だから，わり算。 ■わり算の式を書きましょう。 ○2÷3 ■計算してみましょう。 ○2÷3＝0.66…になって割り切れない。	試行錯誤	■予想を教えてください。（直感でよい） ○できる。　○できない。 ■少し自分なりに考えてみよう。（2〜3分） ■困っていることはありますか。 ○2÷3＝0.66…になって割り切れない。 ○実際にコップなら3等分できるのに。 ■小数では表せないけれど，それ以外に1より小さい数を表す方法はあるだろうか。 ○分数を使えば表せられるかもしれない。
課題提示	■小数で表せないので，分数を使って表します。今日の課題はこれです。 　わり算の商を分数で説明しよう。	課題把握	■では，今日はどんなことをすればいいかな。 　わり算の商を分数で説明しよう。

「問題」をきっかけとして「課題」が設定されていることが見えれば，どちらも「問題解決の授業」のように感じるでしょう。しかし，同じ「問題」，同じ「課題」であっても，その扱い方によって子どもの取り組み方は大きく異なります。

Beforeは一問一答のように展開するので，商が小数で表せないことに疑問を抱いたり，主体的に後の解決方法を考えたりする意欲は高まりにくいと考えられます。

一方，**After**は，「できる・できない」の予想をへて，自分なりに試してみたからこそ，商を小数で表すことができないという「困った」を，子ども自身が十分に感じ取ることができます。この「困った」を生かして「商を分数で表そう」という「課題」を設定することで，解決への必要感や，分数で商を説明しようとする目的意識が高まることが期待できます。

◆「どうして」を生かして課題を引き出します
（第2学年「長方形と正方形」）

予想させると様々な意見が出されます。「どうしてそう分けた？」「どこに注目すればいい？」と問いかけると図形を比較する観点が整理されます。

【課題】辺の長さや形に気をつけて，四角形を調べよう。

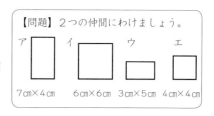

◆「できる・できない」を生かして課題を引き出します
（第5学年「平行四辺形の面積」）

長方形の面積は既習で求められます（できる）。大きさを比較するためには，平行四辺形の面積（できない）を求めればよいという必要感が生じます。

【課題】平行四辺形の面積の求め方を考えよう。

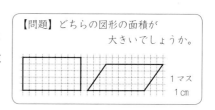

導入で提示する「問題」を工夫する

「問題解決の授業」のよい「問題」とは

算数の授業の成否は，少なくとも3割が「問題」のよしあしによると感じています。「問題」の工夫は，「本時の目標」に直結する「課題」を引き出すものでなくてはなりません。よい「問題」の工夫は，次の2点が基本となります。

① 子どもの学習意欲を引き出すことのできる問題
② 問題の解決過程で新たな知識や技能，見方や考え方を身につけさせることのできる問題

(相馬・早勢, 2011)

「問題」をつくる手順などの例

次のような順に「問題」をつくります。3年「わり算」の「あまりとわる数の関係」の授業を例に，見てみましょう。

本時の目標を決める→「課題」を決める→「問題」をつくる

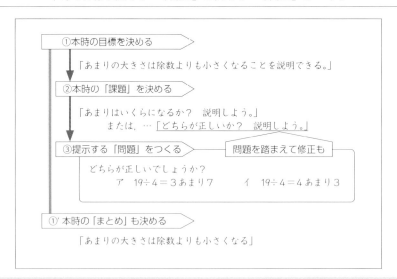

教科書や実践例を参考に教材研究

また，「問題」をつくる際には，①我が国で出版されている6社の教科書や，②実践例が掲載されている本や雑誌を参考にするのもよいでしょう。各社の教科書や実践例を比較して，子どもの実態に応じた「問題」を工夫したいものです。

例えば，1年の「繰り上がりのあるたし算」の1時間目では，教科書によって，問題場面は合併と増加があり，数値も加数分解しやすいもの（9＋3など），加数分解と被加数分解の両方が考えやすいもの（8＋7など）がわかり，大いに参考になります。

「問題」づくりの工夫

細水氏は「子どもに自分の立場を表明させ理由を問う展開を基本としたい」と語っています。

考えるきっかけとしての「問題」は，次のように「決定問題」のかたちで提示することで，子どもの「はてな？」を引き出しやすくなります。

> ○「～はいくつか」など（求答タイプ）　○「～はどれか」など（選択タイプ）
> ○「～は正しいか」など（正誤タイプ）
> ○「～はどんなことがいえるか」など（発見タイプ）　　　　（相馬・早勢，2011）

このような「問題」を提示すると，子どもは「正しくない！」「こっちの方だ！」などと，自分の立場を表明します。そして，教師が「どうして？」「本当？」と問い返すことで，子どもは「だって…」と主体的に取り組み，考え続けていくのです。

「問題」づくりでは，ほかにも次のような工夫が考えられます。

> ①　誰でも直感的に予想できるような問題にする。
> ②　異なる予想が生じるような問題にする。
> ③　数値，図の向きや大きさを工夫する。
> ④　子どものつまずきを捉え，意図的に問題に取り入れる。
> ⑤　つまずきが生じるような問題にする。
> ⑥　教科書を逆から教える発想で教科書の練習問題を活用する。　（相馬，1997）

「問題」の工夫は，日々継続できる算数の教材研究であり，教師の力量を高める近道と考えています。

◆第6学年「速さ」（2／9時間扱い）の授業です

本時の目標は，「道のりと時間から速さを求めることができる（技能）」と設定しています。

	❓ Before 教科書の問題		**❗ After** 選択タイプの問題
過程	教師の働きかけ（■）と子どもの活動（○）	過程	教師の働きかけ（■）と子どもの活動（○）
導入	■今日の問題はこれです。 　Aさんの自動車は267kmを3時間で，Bさんのバイクは174kmを2時間で走ります。 　Aさんの自動車とBさんのバイクの速さを調べましょう。	問題提示	■今日の問題はこれです。 　Aさんの自動車は267kmを3時間で，Bさんのバイクは174kmを2時間で走ります。 　Aさんの自動車とBさんのバイク，<u>速いのはどちら</u>でしょうか。
展開	■Aさんの自動車が1時間あたりに進んだ道のりを求めましょう。 ○267÷3＝89　1時間あたり89km ○式と数直線を関連づけ，1時間あたりに進む道のりの求め方を説明する。 ■Bさんのバイクが1時間あたりに進んだ道のりを求めましょう。 ○174÷2＝87　1時間あたり87km ○式と数直線を関連づけ，1時間あたりに進む道のりの求め方を説明する。	試行錯誤	■予想を教えてください。（直感でもよい） ○Aさんの自動車　○Bさんのバイク ■ちょっと考えてみよう。 ○単位量あたりの学習が使えそうだ。 ○時間をそろえれば，わかりそうだ。
		課題把握	■そうか，じゃあ 　どっちが速いか，はっきりさせよう。
		個人思考	○1時間あたりに進む道のりで比べよう。 ○数直線をかいて，式を考えよう。

◆Before「調べましょう」といきなり言われても目的意識にはつながりません。After「どちらでしょうか」とするだけでも「確かめたい」という意欲につながります。

◆第3学年「九九をこえるわり算」(2／3時間扱い)の授業です

本時の目標は，「位ごとにわりきれる2位数÷1位数の計算の仕方を説明できる（数学的な考え方）」と設定しています。問題を少し工夫することで，子どもたちの意欲に大きな違いがでてくることがわかると思います。

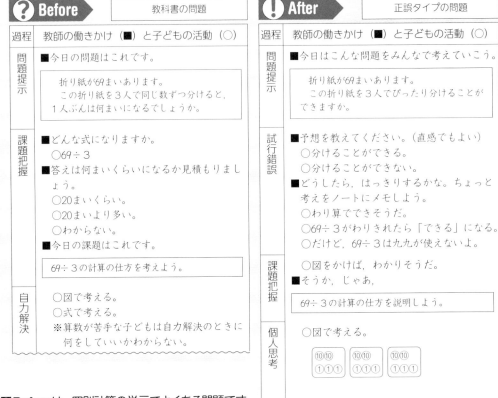

◆Beforeは，四則計算の単元でよくある問題です

このような「問題」の場合，立式後に答えを見積もらせ，「課題」を設定して授業を展開することが多いようです。しかし，算数が苦手な子どもにとって，式を見て答えを見積もることは，かなりハードルが高いと思われます。

授業の早い段階でつまずくと，その後の意欲や取り組み方にも大きく影響してきます。

◆Afterでは，「分けることができますか」と問い方を少し変えました

問い方を少し変えるだけで，分けることが「できる」・「できない」を尋ねる正誤判断の「問題」になります。算数が苦手な子どもにとって，たとえ直感でも予想が立てられる「問題」になるのです。答えを予想させることは，子どもたちが「問題」について考え始めるきっかけになります。「自分の予想が正しいかどうかを確かめたい」という気持ちから，意欲も高まってきます。この意欲の高まりを生かして，「課題」を子どもたちから引き出すことにより，子どもの主体的な取り組みが期待できるのです。

Point 5　「個人思考」では「集団解決」の構想を練る

　「課題」を明確にしたあと，子どもが「個人で取り組む時間」を確保します。しかし，この時間をあまり長く取りすぎると，「集団解決」での十分な話し合いや，「まとめ」と「練習問題」の時間確保ができず，「本時の目標」の達成が難しくなります。

「自力解決」から「個人思考」へ

　多くの学校では，個人で取り組む時間を「自力解決」と呼んできました。かつて，この時間を十分確保することがよしとされた時代もあり，教師は「すべての子どもに自力で解決させなければならない」と考えてしまい，個別に教えたり，子どもたちを自由に交流させ「集団カンニング」と揶揄されたりしました。

　しかし，いくら考えてもわからない子どもは，途方にくれて「考えたくない」と思ったり，教えてもらうのを待ったりしました。早くできた子どもは「できたから，もういい」と遊んでしまったりすることもありました。長い「自力解決」の後の「集団解決」は，単なる発表会のようになってしまいがちでした。

　そこで，この時間を「個人思考」と呼べば，「まず子どもが自分なりに考えてみる時間」と捉えられ，途中まででもよい，多くの時間をかけなくてよいと思えるのではないでしょうか。

　「自力解決」…最後まで解決する，長い時間
　「個人思考」…途中まででもよい，短い時間

　授業は未習の内容について考えることが多いのですから，時間をかけても自力で最後まで解決できることは少なく，むしろ「途中まで」や「つまずき」が自然です。本時の「問題」をきっかけとして，「集団解決」で個々の考えを出し合い，みんなで解決していくことが「考える楽しさ」につながるはずです。

机間指導で集団解決の指名計画を

　「個人思考」の時間の机間指導で，つまずいている子どもの個別指導に終始する教師に出会うことがあります。個別指導も大切ですが，机間指導では，子どもたちの考えを把握して，「集団解決」での「対話的な学び」をどのように展開するか構想することが最も重要なのです。このことを相馬氏は「指名計画」と名づけ，次のように述べています。

「指名計画」を立てる
　⇔どの考えをどの順番に，どのタイミングで取り上げるかを決める。　　（相馬，2013）

　小学校では子どもの挙手を尊重した指名が多いのですが，教師の意図的・計画的な指名なしに，45分での「本時の目標」の達成は難しいはずです。授業の上手な先生は，何も意図せず指名しているように見えても，実はみごとに「指名計画」を立てて指名しているものです。

復習は必要に応じて

多くの子どもがつまずいている状況では，「教科書やノートで既習事項の確認」を促したり，「全体で復習」をしたりすることも必要です。ただ，毎時間，授業の最初に本時の学習に必要な既習事項を復習して確認することは，子どもが「数学的な見方・考え方」を働かせ，考え合う楽しさを実感する機会を奪うだけでなく，「主体的な学び」や「深い学び」をも邪魔しかねません。大切なのは「必要に応じて」ということです。

ヒントの意図的なつぶやきも

例えば，次のように教師が働きかけることも考えられます。

□考えが途中の子どもや考えつかない子どもに，
- 「途中まででいいので教えて」と指名し，話させる。
- 「今あてられたら困る人」と挙手させ，困っていることを話させる。

□教師の意図する考えで取り組んでいる子どもに，
- 図や式など，自分の考えの一部分を板書させる。
- ヒントになる子どものノートの一部を実物投影機で投影する。
- 机間指導で「何をしてるの」などと語りかけ会話をヒントにする。
- 「悩んでる人にヒントを言って」と話させる。

ノート指導の機会としても

複式授業では，間接指導で子どもの考えを見取れないことから特に大切ですが，「自分の考え」や「気づいたこと」を積極的にノートにメモさせるようにしたいものです。特に，授業途中での「気づき」のメモは，子どもの「メタ認知」を伸ばすことにもつながります。各ページに線を引き傍注をつくったり，吹き出しにメモさせたりする指導例があります。(Point❾参照)

何をどの程度まで板書させるか

「個人思考」の間に，時間節約からも「集団解決」で取り上げたい子どもの考えの一部を板書させたいものです。

a　計算や説明などをすべて書かせる。
b　式や表，図（テープ図，線分図，面積図，数直線など）だけ
c　図や表などに補助線などの線，矢印，囲み，斜線だけ

aでは，時間もかかり発表会を誘発しかねません。一方，bやcは，短時間ですむばかりか，ほかの子どもが「どうやって考えたのかな？」と考えたり，本人が「かき足しながら説明する」機会もつくれたりします。また，つまずいている子どものヒントにもなるのです。「何をどの程度」まで板書させるかを意図的・計画的に考えたいものです。

◢第4学年「小数のしくみ」（2／10時間扱い）の授業です

本時の目標は，「整数や$\frac{1}{100}$の位までの小数の表し方をもとに，$\frac{1}{1000}$の位までの小数の表し方を考え，説明する（数学的な考え方）」と設定しています。「個人思考」で，教師がどのような意図をもち，子どもたちにどのようにかかわるかが，「本時の目標」の達成を左右します。

12　Ⅰ 理論編

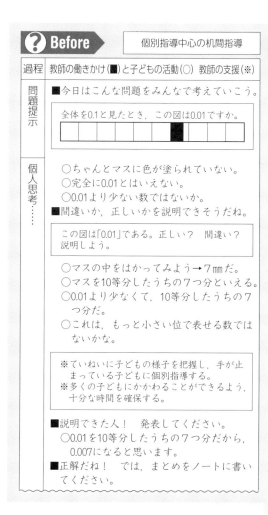

◆Beforeは，一見すると「個人思考」を指導過程に取り入れているように見えます

しかし，教師の意識が個別指導にあるため，時間が不足して「集団解決」の形骸化を招くことがしばしばあります。

◆Afterは「個人思考」の机間指導において想定される子どもの考えに対する教師の働きかけを明確にしています

ある程度，全員が自分の立場をもてた時点で「集団解決」に移ります。そして，目標にせまる子どもの考えを価値づける教師の意図的なつぶやきや問いかけを織り込みながら，「集団解決」での指名計画を立てています。時間が不足したために，まとめができなかったり，練習問題を十分に扱えなかったりする「問題解決らしき授業」を目にすることもありますが，長すぎる「自力解決」の時間と，子どもの考えを機械的に横並びで扱う「教師の意図や計画がない集団解決」の時間に，その原因があるのではないでしょうか。「教師の意図的・計画的な指名」により，多くの子どもが主体的・対話的に考え合いながら，みんなで問題解決する「考える楽しさ」を味わえる「集団解決」につなげたいものです。

Point 5 「個人思考」では「集団解決」の構想を練る　13

子どもたちで見つけたと感じる「集団解決」にする

　「集団解決」は，「主体的・対話的で深い学び」にとっての本丸で，「問題解決の授業」の要ともいえます。教師は，「本時の目標」の達成に子どもの反応を強引にでも関連づける覚悟をもち，子どもたちで見つけたと思わせるよう明確な意図を持続する必要があります。

指導案には子どもの反応を可能なかぎり想定する

　指導案に「集団解決」で予想される子どもの反応や考え方をどれだけ書けるかが，授業の成否を大きく左右するものです。そして，実際の授業では「個人思考」で把握した子どもの実状を踏まえて構想した指名計画をもとに，考えを取り上げていくことになります。指導案で教師に都合のよい正答だけを想定していると，授業中に嫌な汗をかくことになってしまいます。

比較の場面を位置づけて話し合いを焦点化する

　考えの取り上げ方には，次のようなものがあります。

> A　いくつかの考えを並列的に取り上げたあと，「どの考えがよいか」と話し合う。
> B　誤答と正答を取り上げたあと，「どちらが正しいか」と問い，続けていくつかの考えを立場を明確にして説明させる。
> C　最初に誤答を取り上げて間違いを明確にしたあと，いくつかの正答を取り上げ，「どの考えがよいか」と話し合う。

　Aのように，いくつもの考えを並列的に取り上げても，子どもは「何を話し合っているのか」混乱してしまうことがあります。下手をすると，単なる発表会にもなりかねません。
　Bのように，正誤や適否を比較する場面を意図的に仕組み，話し合いの視点を明確にすることが効果的です。Cについても，最初に否定した誤答をどう生かすかが鍵になります。

「途中まで」や「つまずき」を生かす

　「途中まで」や「つまずき」を積極的に取り上げ，それらを生かしつつ，複数の考えを比較してみんなで解決していくことによって，「あー！」「へー！」「なるほど！」「すごい！」などの声がこだまする，「考える楽しさ」のある「集団解決」になるのです。そして，子どもは「自分たちで見つけた」と感じ，実感を伴った「深い学び」につながるに違いありません。

問い返すことを基本として

　子どもたちが主体的に考え続けるためには，「大切なことは子どもから言わせる」ようにしなければなりません。そのため，教師は「どうして？」「本当に？」などと問い返すことを基本としたいものです。子どもが「だって」と言いたくなるように仕向けるのです。教師がねらう考えを子どもが発言したとたん，「そのとおり！」「大正解！」などと言ってしまっては，元も子もありません。

具体的には，次のような教師の働きかけが効果的です。

> ① 本時の目標の達成にかかわる子どもの発言を強調したり，確認したりする。
> 「えっ，今なんて言ったの？」「何，何，もう一回言って！」など
> ② 一人の説明を，その子どもだけで終わらせない。
> 「○○さんの考え，わかる？」「同じ考えの人いる？」など
> ③ 教師が適度にとぼける。

子どもたちの多くが悩んでいたり，意見が分かれたりしているときなど，必要に応じてペアトークをさせることも有効です。

この時間は，子どもの視界から教師が消えて本音が語られます。精力的な机間指導で子どもたちの考えを把握する絶好のチャンスにもできます。

主発問や考え方のキーワードを板書する（Point❽参照）

子どもが考え続けるためには，次のような板書が重要です。

> 子どもの説明 ＞ その考え方の確認 ＞ 考え方のポイントの板書
>
> ① 主な発問を板書する。 ⇒ 目的意識や必要感，授業の流れ
> 「～について考えよう」「～は正しいか」「どちらが大きいか」など
> ② 考え方のポイントを板書する。⇒ 考えることの繰り返し指導に
> 「～と～を比べる」「～の公式を使う」「線分図をかく」など
>
> (相馬，1997)

このような板書は，話し合いを可視化するだけでなく，子どもに考えることを促し，多様な考え方の理解につながります。また，振り返りたくなるノートの指導に直結するのです。

相違点や共通点を探して考えを関連づける

そして，板書内容を見ながら，「考えの違いはどこ？」「みんな同じ考えなの？」などと発問し，相違点や共通点を探すことで，多様な考えをまとめていくことができます。

「集団解決」を発表会にしない鍵は，主発問や考え方のキーワード，いくつかの考えを関連づける矢印や囲みを板書することともいえます。

> ### Point❺・❻ 「個人思考」・「集団解決」における教師の働きかけの概略
>
> ① 予想される子どもの反応を，事前に可能なかぎり想定しておく。
> ② 「個人思考」の机間指導で子どもたちの考えを把握し「指名計画」を立てる。
> ③ 「個人思考」の間に，取り上げる考えの一部を板書させる。
> ④ 「集団解決」で，板書の考えを読み取らせ，つけ足させ，みんなで考え合う。
> ⑤ 「集団解決」でキーワードなどを板書し，囲みや下線，矢印などで強調する。

◆第5学年「四角形と三角形の面積」(7／13時間扱い) の授業です

これまでに三角形や平行四辺形の面積の求め方を学習し、本時ではそれらを生かして、台形の面積の求め方を考えたり、説明したりすることが目標になります。下の指導案は、自力解決や個人思考で面積の求め方を考えたあとからの部分を示しています。

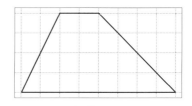

◆Beforeは、個人の考え方を紹介し合う活動が中心になり、単なる発表会で終わっています

これではせっかく紹介された考え方と、あとにまとめる公式との関連がわかりづらく、公式の意味や有効性を味わうことはできません。

◆Afterは、類似点を見つける活動を通して、それぞれの考え方の関連が図られています

1つ目は「図を準備した子どもと別の子どもが発表をする」場面です。示された考え方を注意深く見る意識が高まるだけでなく、1つの考え方の説明に、多くの子どもがかかわることができます。2つ目は、「似た考え方を見つける」場面です。「類似点を探す」という比較する視点を明確にすることで、子どもたちは自分の意見をもちやすくなります。また、具体的に類似点を確認する中で、何度も登場する数値や注目すべき辺の長さが明らかになっていきます。それらを整理することで、台形の面積を求める公式を導き出せ、みんなで見つけたと実感させられます。

Point 7 「終末」では確認問題や練習問題もしっかり行う

　「本時の目標」を，導入で提示した「問題」1題だけの解決で達成できると考えるのは現実的でありません。本時の「問題」をきっかけとして，短か目の「個人思考」とみんなで考える「集団解決」を通して「課題」を解決し，新たな知識や技能，見方や考え方を見いだすのですから，「集団解決を終えても自分の考えがちょっと不安な子ども」や「個人思考では解決できなかったけれどみんなの説明を聞いてわかった子ども」もいるはずです。そこで，「まとめ」や「練習問題」，さらには宿題をも含めて授業の終末段階をしっかりと扱いたいのです。

▌本時の目標に正対したまとめや確認問題，練習問題を

　次のような第5学年の授業を参観したことがあります。

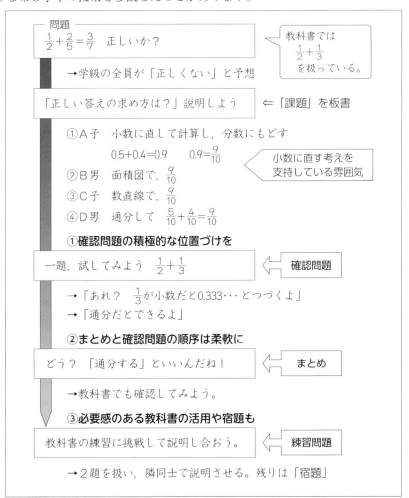

　この授業の目標は，「異分母分数のたし算の仕方を説明できる（知識・理解）」でした。みんなで考えた「集団解決」での計算の仕方や意味について，「確認問題」を通して振り返り，「練習問

題」で理解を一層確かにできた授業でした。

解決の過程や結果を振り返る深い学びにも確認問題の活用を

「確認問題」の位置づけ方には，大きく次の2つがあります。

> 「集団解決」で，子どもたちみんなで見つけたことを，
> Ⅰ 「確認問題(確かめてみよう)」→「まとめ」→練習問題」
> Ⅱ 「まとめ」→「確認問題 (試してみよう)」→「練習問題」

また，「確認問題」の活用の仕方にも，大きく次のような場合が考えられます。

> ①多様な考えを「教師が本時でねらう考え」に収束させる。
>   例）4年「変わり方」などで，教師は「□の式」をねらっていても，子どもが「表」にこだわるとき，「100段目は？」と確かめさせ，「□の式」のよさを実感させて「まとめ」る。
> ②1つの図形で考えたことをより一般的なものにする。
>   例）5年「四角形の内角の和」などで，1つの四角形について取り扱い360°を見いだすが，「自分で好きな四角形をかいて確かめてみよう」としたあと，「みんな360°」として「まとめ」る。
> ③子どもたちの理解の程度を確かなものにする。
>   例）1年「3口のたし算」などで，3＋2＋5の式の意味理解を扱い「まとめ」たあと，「4＋3＋1の式になるお話をつくろう」と「確認問題」。その後，教科書の計算練習。

また，「本時の目標」と正対していないムダな確認問題や練習問題をさせるのではなく，「確認問題」などで解決の過程や結果を振り返り，「深い学び」につなげたいものです。

形式的な終末から余韻のある終末へ

「終末」での形式的な「次時予告」は，すっかりなりをひそめましたが，ときどき出会う次の2つが気にかかっています。

> ▶授業感想など「自己評価」を毎時間ノートに書かせる
>   →毎時間行って，マンネリ化しなければよいのですが，この時間を5分確保するのなら，練習問題を1題やった方がよいのではないでしょうか。必要に応じて単元の要所要所で行う，「宿題」として取り組ませる，単元末に行うなどの程度で十分ではないかと思うのです。
> ▶授業の最後や練習問題の前に，黒板をノートに書き写させる
>   →1年生の途中までなら理解もできます。授業中に気づいたことや友達の考えのよさはメモできるのでしょうか。授業展開の中で必要に応じて教師が指示しながらノート指導をした方がよいと思うのです。

「本時の評価」を，「本時の目標」の文末を「〜できたか」と変えて指導に書くこともなくなりました。「考え続けて疲れた」「楽しかった」「わかった」「こんなことも考えてみたい」と余韻のある終末にしたいものです。

そして，「だったら…」と新たな問題や課題を子どもたちが見いだすようにも仕向けたいものです。問題解決の過程を振り返り，「深い学び」につながることが大切になってきます。

◆第4学年「面積」（12／14時間扱い）の授業です

本時の目標は，「複合図形の面積の求め方について，分割したり補ったりするなどして考え，説明することができる。（数学的な考え方）」と設定しています。「長方形や正方形に分けて，あとから合わせる」という発想は比較的出やすいのですが，「欠けている部分を補う」というひき

18　Ⅰ 理論編

算を用いる発想は，なかなか出てこない場合もあります。このようなことを踏まえて，**Before** と **After** では，取り扱う「確認問題」や「練習問題」の意図に違いが見られます。

過程	教師の働きかけ（■）と子どもの活動（○）
集団解決	■考えたことを発表しよう。 ○1㎠の正方形の数を数えたら38㎠ ○2つの長方形に分けた 2×3＋4×8＝38（㎠） ○2つの長方形に分けた 6×3＋4×5＝38（㎠） 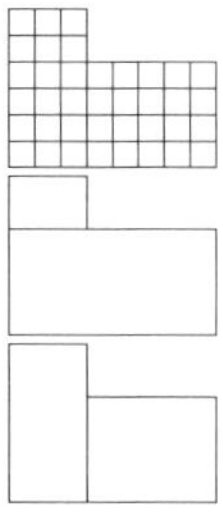
まとめ	■今日の学習をまとめましょう。 正方形や長方形の形をもとにすると面積を求められる。
練習問題	■練習問題をしましょう。 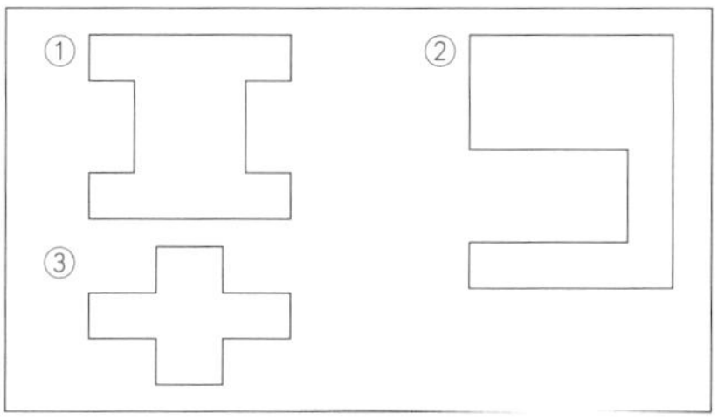 ① ② ③

? Before 考え方の広がりと収束が困難な練習問題

過程	教師の働きかけ（■）と子どもの活動（○）
集団解決	■考えたことを発表しよう。 ○1㎠の正方形の数を数えたら38㎠ ○2つの長方形に分けた 2×3＋4×8＝38（㎠） ○2つの長方形に分けた 6×3＋4×5＝38（㎠） 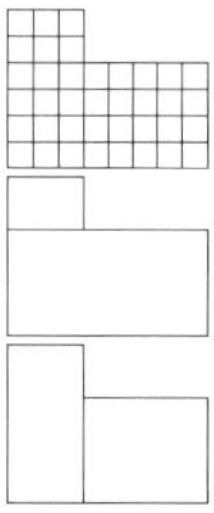
確認問題	■このような形でも求められるでしょうか。 ○全体から欠けている部分を引いたらいいと思う。 
まとめ	■今日の学習をまとめましょう。 正方形や長方形の形をもとにすると面積を求められる。
練習問題	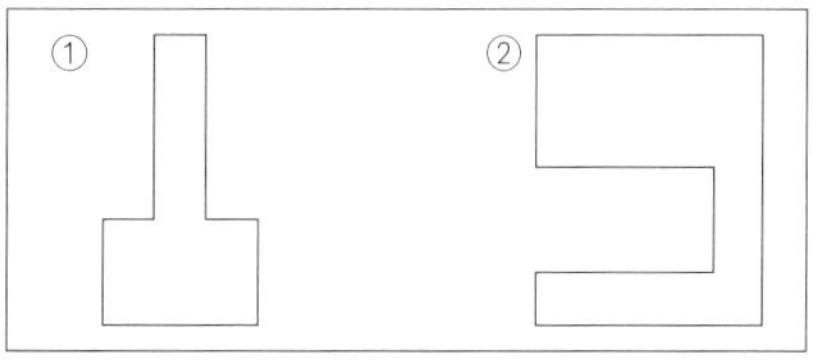 ① ②

! After ねらいとする考え方に収束させる練習問題・確認問題

�◆Beforeの「練習問題」は，3題とも「分割する」考え方や，「1㎠の正方形の数を数える」という考え方でも求められるものになっています

①，②は，「補う」というひき算の発想も生じやすいかたちですが，終末では，学級全体で共有する時間を十分に取れないことから，この新たな考え方を自分でも試してみるということが難しいと考えられます。

◆Afterの「確認問題」は，必ず「補う」考え方で求めなければならないものになっています

このような「確認問題」を位置づけることで，「集団解決」の際に「違う考え方はない？」のような発問や，「ほかには？」を繰り返す必要がなくなります。学級全体で「補って考え，ひき算を用いる」という考え方を共有したあとに，「練習問題」では，両方の考え方を用いて解決できるような問題を設定するとよいのではないでしょうか。

なお，本時は，多様な考え方をねらって展開していますが，毎時間，無理に多様な考え方を引き出そうとする必要はないという点にも留意したいものです。

Point 7 「終末」では確認問題や練習問題もしっかり行う　*19*

考え続けることを促す「板書」を意識する

板書は子どもが考え続けるために，考えを可視化したり，整理したり，焦点化したりして，考えることを促すように構成することが大切です。

考え続けることを促す板書を

板書には，次のような意義があります。
① 目的意識を持続させる。
② 考える過程を把握できる。
③ 考え続けることを促す。

右の板書を例に見ていきましょう。

問題（Q）や課題（？），話し合いを焦点化する発問（～），確認問題（確かめ・試し）とまとめ（！）を強調し，何を考え，何に取り組むのかを明確にしています。また，振り返ったときに，みんなでどのように考えていったのかという過程もわかるようになっています。今後，深い学びを意識し，新たな問題や課題を見いだす「だったら…」（！？）も求められるようになってきそうです。

さらに，教師の意図する子どもの考えを残し，キーワードを板書（黄チョーク）しています。個人思考の時間に，子どもに「表だけ」や「18×3＝54」の式だけを板書させると，他の子どもにとってのヒントにもできます。また，板書されたいくつかの考えを比較することで，考えが具体的になります。

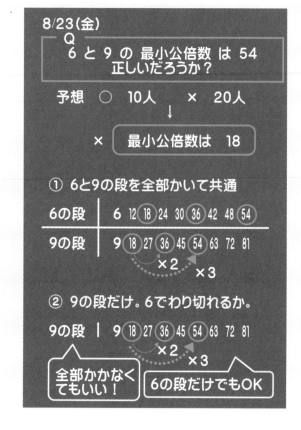

何について考え，どのような過程で，何を学んだかをノートに残す意図も

これらの意義を踏まえて板書を構成していくことは，「主体的・対話的で深い学び」には欠かせません。また，板書内容がノートに残ることから，振り返って役に立つ自分だけの参考書をつくるという指導にもなります。すなわち，「数学的な見方・考え方」の働かせ方の，日常的な指導そのものともいえるのです。

色チョークを効果的に使う

黄色は一番目立つことから重要な言葉や式などに，赤色は囲みや矢印，アンダーラインなどに用いると効果的です。

? Before ▶「式や計算など結果や結論しかない板書」では，ノートは計算練習帳のようになってしまいます

　小学校ではめったに出会いませんが，「白色チョークだけの板書」も何が大切なのかわかりづらく，子どもが考え続けるには厳しいものがあります。なぐり書きや筆順間違いは論外です。常に模範を示すという意識を忘れずに，たとえ多少下手でもていねいに筆圧強めで板書したいものです。

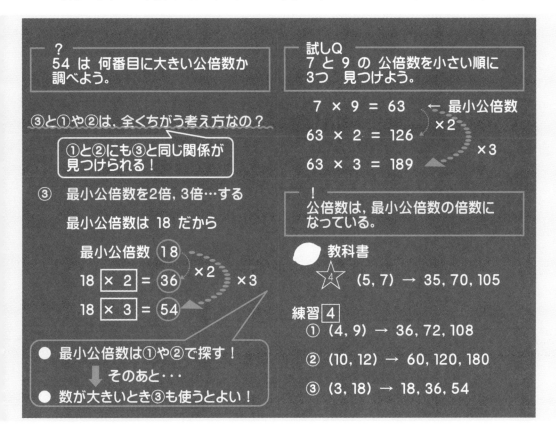

! After ▶「子どもが考え続けることを促す板書」構成を，日々心がけたいものです

　　　　　　　　　　　この板書の授業では，最初に①を取り上げ，省力化した②のよさを確認したあと，③の「18×3＝54」だけ子どもに書かせた考えについて，「この式は何かわかる？」と発問し，みんなで考えながら気づいたことなどを「吹き出し」で示しています。そして，「3つは違う考えなの？」と発問し，3つの考えの共通点を探しながら，矢印や囲みを書き加え，強調と確認をしていきます。

　考え方のキーワードや吹き出しなど，すでに板書で強調されていることを使いながら，「まとめ」を書いています。結果や結論だけでなく，考えてきた過程や，今後の学習で考えるためのヒントにもなる「考え方のキーワード」を意図的に板書し，子どもたちが「考えることって楽しい」と実感できるような問題解決の授業を日常的に実践していきたいものです。

　先輩教師から「昨日より少していねいに，少し上手にと意識し続けて書く」ことが板書上達の極意と教わりました。また，子どもに板書の見方を指導するため，すべて白で板書して「どこが大切か」と問いながら，色をつけていくことを4月当初に扱うのも効果的です。どんなに板書内容がすばらしくても，板書の文字が汚ければ効果は半減かもしれません。

Point 8　考え続けることを促す「板書」を意識する　21

考えた足跡が残る「ノート」指導に努める

　ノート指導が充実している学級の授業では，ノートの前の方のページをめくる子どもの姿をよく目にします。そこに，考え方のヒントがあるからです。ノートはみんなで考えた，そして，自ら考え続けた足跡が残っている，自分だけの参考書なのです。

考えるヒントがちりばめられるノートに

　右のノートは，Point❽で示した板書の授業のノートです。教科書にも「よいノート」の例が掲載されています。

　小学校では，基本的に板書内容をノートに記しますが，知識・技能や見方・考え方の定着や持続には，次の３点をぜひとも大切にしたいと考えています。

⇒「傍注」や「吹き出し」などを用いて
①自分の考えをかく
②友達の考えをかく
③授業中に思ったことや気づいたことをかく

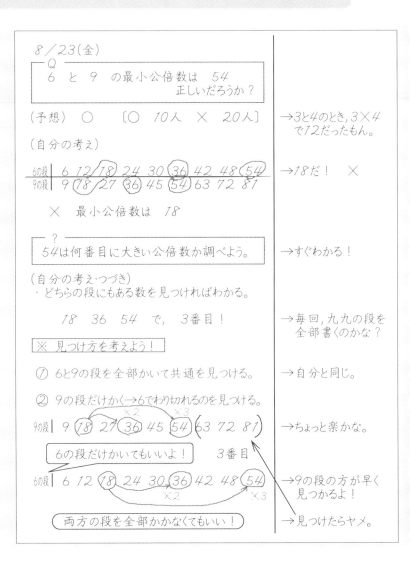

22　Ⅰ　理論編

❓ Before ◆式と計算，作図やグラフしかかかれていないノートでは，単なる「計算練習帳」や「作業シート」にすぎません

このようなノートでは，振り返っても，「どのように考えて，こんな式や計算になったのか」「どのようにこんな図をかいたのか」がわからず，見返そうという気持ちにはならないのではないでしょうか。もちろん，低学年のうちは基本的なノートの書き方をていねいに指導することが必要です。ただ，遅くとも3年の初めからは，ノートをかきながら授業に臨み，自分の考えや友達の考え，授業中の気づきなどをかくようにすることが大切です。

❗ After ◆このノートでは，「傍注」を設けて，授業の途中途中で子どもが気づいたことなどをかくようにしています。「吹き出し」でかくようにするのもよいでしょう。

6社の教科書に掲載されているノートの例も，「吹き出し」と「傍注」のいずれかが示されています。

子どもは，特に指示がないかぎり，板書した順番にノートにかいていくものです。

板書は構造的に構成していくと思いますが，子どものノートを意識した適切な指導が必要になります。できれば板書やノート指導については，学級担任が替わっても子どもが混乱しないよう，発達の段階に応じ，校内である程度の統一を図ることが必要と思われます。

ノートを定期的に集めて，教師がそのノートのよさを認めてコメントを書くことが，子どものノートを教師の意図する「よいノート」にする近道です。単元末に各自のノートを見合う「ノート展覧会」を企画したり，すばらしいノートをコピーして掲示したり，学級通信で紹介したりすることも効果的です。子どもたちは具体的にイメージでき，互いの「よさ」を認め合っていきます。

Point 9 考えた足跡が残る「ノート」指導に努める　23

授業内容と関連した「評価問題」を工夫する

小学校では，単元末などにいわゆる「市販テスト」を行い，評価資料として活用していますが，「数学的な見方・考え方」や確かな「知識」の評価に十分でしょうか。

授業で取り扱った内容を問う自作問題を1題

「問題解決の授業」で，考え表現することを大切にしても，テストで式と答えだけが問われたり，記憶再生のみで対応できる問題ばかりだと，特に「知識」や「数学的な見方・考え方」の定着や持続に不安を感じるのです。さらに，子どもが「どうせ，テストに出ないから」と授業を軽んじるようにならないかと考えてしまいます。もちろん，「テストを自作せよ」と言うつもりはありません。市販テスト裏面の余白などを使って，授業内容と関連した「記述式」の問題を出題してはどうでしょうか。

① 「知識」を見る問題は何らかの判断をする部分を

「知識」を，穴埋め式の「4つの辺の長さが等しい四角形を（　　　）といいます」のような問題で見取れるでしょうか。単に直前の記憶の再生や当てずっぽうで正答するかもしれません。何らかの「判断」要素を含め，「いくつかの四角形を示してひし形を選ばせて理由を問う」のはどうでしょうか。

② 「数学的な見方・考え方」の問題は記述式で

また，「数学的な見方・考え方」は説明を書かせるようにしたいものです。相馬氏は，評価問題の工夫について，次のように述べています。

〔評価問題の改善の視点〕
　○授業との関連を重視した問題
　　・授業で強調した事柄を評価する問題　　・授業を受けていないとできないような問題
　○結果だけを覚えていてもできないような問題
　　・過程や考え方を評価する問題　　・確かに理解しているかどうかを評価する問題
〔評価問題の工夫〕
　○授業の中で取り上げた考え方や「問題」を問題にする。
　　・理由を問う問題　　・複数の考え方を問う問題
〔意欲につなげる採点での留意点〕
　・積極的に部分点を与える。
　・解答の中の「よさ」を認め，場合によっては＋αの加点をする。

（相馬，1997）

市販テストでも複数の考え方を書かせ加点するなど

市販テストの文章問題などで「7×4＝24」と書いても，「7×4」が正しければ△として部分点を積極的に与えてはどうでしょうか。また，「複数の考え方」をかいたり「説明文」を加えたりすることを促し，状況に応じて加点すると100点満点でも110点を取れたりもします。意欲面での好影響が期待できるのではないでしょうか。そして，これらの解答の状況から「数学的な見方・考え方」などに関する評価資料も得られると思います。

◪第2学年「三角形と四角形」の評価問題で，出題の意図は「（三角形）四角形の意味を理解しているか（知識・技能）」です

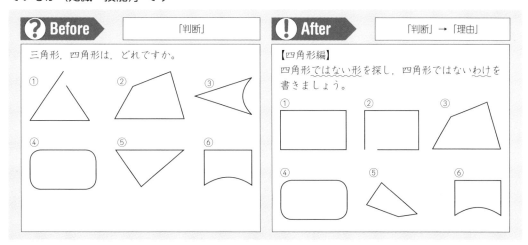

◪Beforeは，「判断」のみで答えを選択する問題になっています

　このような問題では，「四角形は4本の直線でかこまれた形である」ということを子どもが本当に理解しているか，教師が見取るには十分といえないのではないでしょうか。

◪Afterは，「判断」の根拠を「理由」として記述する問題になっています

　この問題では，「つながっていないところがあるので，…」や「角が丸く，直線は1本もない」，「4本のうち1本が直線ではない」など，四角形の定義に関する確かな理解が図られているかどうかを見ることができます。

◪第3学年「かけ算のきまり」の評価問題で，出題の意図は「被乗数や乗数を分解した計算の仕方を考え，説明することができるか（数学的な見方・考え方）」です

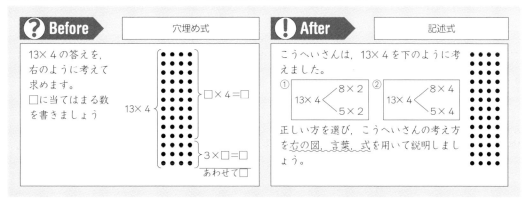

◪Beforeは，「穴埋め式」で，分配法則を用いて計算の答えを出す問題になっています

　このような問題では，過程や考え方が十分に見取れず，評価の観点である「数学的な見方・考え方」を評価することができるか疑問が残ります。

◪Afterは，「記述式」で，筋道を立てて考えたことを説明する問題となっています

　この問題では，被乗数と乗数の両方を分解してしまうという誤答を問題に含めることによって，授業内容との関連を図るとともに，図と式を関連づけて乗法の性質について考えることができるようになっています。

必要感のある教科書の活用をする

　法的に主たる教材である教科書は，子どもにとって最も身近な学習のよりどころです。ただ，「教科書を使う」といっても，単に教科書どおりに教え込むこととは違うはずです。昔からいわれているように「教科書を教える」のではないのです。

授業内容と教科書の関連を子どもにわかるように

　「問題解決の授業」は，必ずしも使用している教科書の「問題」をきっかけとして授業をスタートさせるとは限りません。しかし，授業の内容は教科書の該当ページと対応しているはずです。子どもが「今日の学習は教科書のどこの内容か」わかるように，授業内容と教科書との関連をつけることが大切です。

効果的な場面で必要感をもった教科書の活用を

　授業の最初から教科書を開いて，考える必要がなくなるような教科書の使い方では，みんなで考える楽しさが台無しです。子どもにとって必要と思える場面，教師にとって効果的と思える場面で「教科書で教える」のです。教科書を活用して「問題解決の授業」を展開していきたいものです。

いろいろな教科書の活用の仕方を

　相馬氏は，次の8つの例のように教科書を活用することが多かったと述べています。

①問題提示として	②確認として	③ヒントとして	④別解として
⑤例示として	⑥まとめとして	⑦練習として	⑧宿題として

(相馬，1997)

❓ Before　▶次のような教科書の使い方は一考を要します

　▶最初から最後まで教科書を開かせたままの授業
　　ア　教科書にある問いかけの文のとおりに，一問一答のように行う授業
　　イ　教科書に考え方が載っているのに，おかまいなく問題解決らしく行う授業
　▶とうとう最後まで教科書を開かない授業
　　　子どもが授業との関連を感じられないのに，
　　ア　教科書の「まとめ」をみんなで音読させて終わる授業
　　イ　教科書の練習問題だけを問題集のようにやらせる授業

❗ After　▶8つの例のように，必要に応じて教科書を活用したいものです

Ⅱ

実 践 編

実践事例 1

1年
いくつかな 〔1時間目〕

入学直後でも，1から10程度の数字を読むことができる子どもは少なくありません。しかし，数字を集合の大きさとして捉えているかといえば不安が残ります。そこで，教科書の数字が記された部分を省いた絵を提示し，絵とブロックの1対1対応が話題の中心になることをねらっています。

Point ❶ 1年生の子どもが学習に集中できるように

問題を提示する際には，挿絵を拡大印刷したものや，プロジェクターで投影した絵を用いて，活動の様子が一目でわかるようにします。また，確実にブロックを置けるように，できるだけ子どもには同じ挿絵を印刷した紙を配付し，教科書はまとめの段階で活用します。

Point ❷ 誤答の例示から，「だって…」を引き出す

問題文「ほかにも おけるかな」を提示しても，花瓶の花にブロックを置いただけでは，「3を探してブロックを置く」という問題の理解が十分とはいえません。そこで，教師から3に対応していない誤答を示すことで，子どもの「違う，だって…」を引き出し，そのやり取りを通して，十分な問題の理解を図ります。

Point ❸ 机間指導で，教師が意図的につぶやく

机間指導で，あえて周りの子どもに聞こえるように「絵の上に置くのだよね」や「確かにこの絵はブロックとぴったりだ」などとつぶやき，本時のねらいに沿った個人思考になるように促します。また，途中までしかできていない子どもへのヒントにします。

本時の目標	絵とブロックを対応させて，1〜5を探したり，読んだりすることができる。

教師の働きかけ(■)と子どもの反応(○)	留意点(□)・評価(◎)
■教科書の挿絵を拡大したものを黒板に貼る。　　Point❶ ■花瓶にブロックを置いた図を提示し，「同じようにできるかな？」と問いかける。 ■「花に置けたね」と確かめたあと，問題文「ほかにも　おけるかな」を板書する。  ■ブロックを「机上の鉛筆」のイラストに移動し，「これでもいいよね」と問いかける。　　Point❷ ○鉛筆があまっているよ。 ○ぴったりになっていないからダメだよ。 ■「ぴったりにするのだね」を強調し，「それでは」とつなげ，課題を板書する。	□教科書を用いず，同じ絵を配付する。 □必要な分だけブロックを出させる。 □誤答を例示し，3に対応した挿絵を探すことをおさえる。

> ブロックと　ぴったりの　えを　さがそう。

■どの絵に置けるかな。　　Point❸ ○消しゴムに置けたよ。 ○図のここに置けるよ。（実際に置かせる） ■花や消しゴムの数を「3」と書き，「さん」と読むことを伝える。全体で読み方を練習する。 ■「絵には3しか置けないね」や「このブロックはどこに置けるかな？」と問いかけ，3以外の数を確かめる。 ○ランドセルと時計が同じ→「1」を確認 ○いすと服が同じ→「2」を確認 ○鉛筆とミニカーが同じ→「4」を確認 ○本とボールが同じ→「5」を確認 ■教科書を開き，下部にある○をそれぞれの数に対応する分だけ塗りつぶす。全体で答え合わせをし，数の読み方を再度練習する。	◎観察 □机間指導で意図的につぶやき，「ぴったり」を強調する。 □「3」，「さん」を板書する。 □ブロックの数を変えながら試し，「3」のときと同様に，数の読み方を確かめる。 □数字と読み方を板書する。 ◎発言 ◎教科書・発言

実践事例 2

1 年

なんばんめ 〔1時間目〕

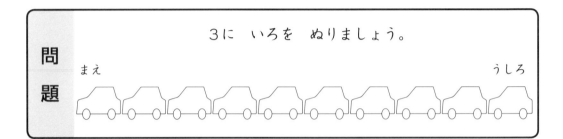

　教科書を開いたままでは,「まえから3びき」と「まえから3びきめ」といった本時の最も大切なキーワードが見えてしまいます。それらの言葉を子どもたちから引き出したいと考え,既習の集合数との比較から順序数の意味を見いだすため,単に「3にいろをぬりましょう」と投げかける問題にしました。

Point ❶　子どもの疑問を課題に

　机間指導で子どもの考えを見取り,「集合数」で捉えているものと「順序数」で捉えているものを意図的に取り上げて黒板に色をぬらせます。子どもたちの「えー」や「あれ?」という声を生かして,子どもの自然な言葉で板書したいものです。この板書は,本時の目標に直結する「課題」にほかなりません。

Point ❷　ペアで考えを説明し合う

　ある程度,考えが出たタイミングで,ペアで自分の考えを話し合う短い時間をとることで,ぼんやりとしかわかっていない子どもも確かな理解に近づくことができます。また,ペアでの話し合いという比較的自由な雰囲気によって,「でも…」や「もし…」などの疑問も明らかになりやすいと考えられます。

Point ❸　子どもの発言のキーワードを板書する

　課題の「どうして,ぬりかたがちがうの?」に対して,子どもが自分の表現で様々に説明し合う言葉を,教師は本時の目標の達成を明確に意図して確認,強調しながら,発言と発言をつないでいきます。その際,キーワードを黄色のチョークなどで板書することで,自然なまとめにつなげることができます。

本時の目標	集合数との比較から，順序数の意味に気づく。

教師の働きかけ(■)と子どもの反応(○)	留意点(□)・評価(◎)
■絵を黒板に貼り，子どもにはカードを配る。	□ノートに貼らせる。

■問題文「３に いろを ぬりましょう。」を板書し，ノートに書くよう促す。	□ノートに書かせる。
■机間指導で，子どもの考えを把握し，取り上げる考えと順番を構想する。	□数名に板書させる。
■みんなで考えていきましょう。　　　　　　　　　Point❶	

```
てつき：○○●○○○○○○○
しゅい：○○○○○○●○○○
ともこ：●●●○○○○○○○
たくや：○○●○○●○○●○
```
　　　　　どうして，ぬりかたがちがうの？

　　　　　課題

（板書例）

○３つにぬった人と１つにぬった人がいる。 ○３つ目にぬっているんじゃない。 ○おなじ３でも，「３つ」と「３つ目」では違うから…	□黄色のチョークで「３つ」や「３つ目」を板書し強調する。
■お隣の人と，自分の考えを話してみよう。　　　　Point❷	◎発言
■どうですか，お話ししてくれる人は？　　　　　　Point❸ ○「３つ」と「３つ目」の違いもあるけれど，「前から」と「後ろから」の違いもある。 ○「３つ」ぬった人も，同じじゃない。 ○ばらばらに「３つ」ぬってたり…	□赤色のチョークで「〜から」を板書し強調する。 □黄や赤のキーワードと図を矢印でつなぎ，まとめにする。
■同じ「３」でも，違う意味があるんだね。 　教科書を開かせ，確認する。	
■教科書の絵から問題を作って出し合おう。	◎ノート・発言

実践事例 3

1 年

いま なんじ 〔1時間目〕

　デジタル時計を目にする機会が多い中，アナログ時計を正確に読むことは，1年生の子どもたちにとって容易なことではありません。特に，長針・短針の見分け方，役割の違いを理解することが非常に難しいようです。

Point ❶ 起こりやすい誤りを含めた問題を提示する

　そこで本時は，上記のような実態を踏まえ，長針・短針の位置関係が紛らわしい2つの時計を提示する問題を考えました。これは，そのような問題をきっかけとして，子どもたちが模型時計の長針・短針を実際に動かしながら，長針が「12」の位置を指し示すときに短針が必ず数字の位置にあること，長針が「6」の位置を指し示すときに短針が必ず数字と数字の中間の位置にあることに帰納的に気づくことを期待したものです。最終的には，短針が「何時」を表すことなどは教師が説明することですが，そのような活動を踏まえたうえで伝えられることが重要だと考えます。

Point ❷ 着目点を明確にすることで規則性に気づけるようにする

　ただし，模型時計を操作させる際には，着目点を明確にしておかなければなりません。本時の集団解決の際には，「長い針が『12』のときの時計を順番に調べましょう」「次は，長い針が『6』を指すときについて…」のような教師の働きかけが大切だと考えます。

本時の目標	時計の長針，短針の役割を知り，時刻（何時，何時半）を読むことができる。

教師の働きかけ(■)と子どもの反応(○)	留意点(□)・評価(◎)
■デジタル時計 6：00 を掲示し，何と読むか聞いたことがあるかを問いながら，「6時」と読むことを確認する。	□生活場面を想起させる。
■時計の図 あ，い を黒板に掲示する。 「同じものはどちらでしょうか」と問い，予想を挙手させる。 ○どちらの時計も6を指している針があるね。 ○時計には長い針と短い針があるんだね。	

とけいのよみかたをしらべよう。

■模型時計を動かしてみましょう。	◎模型時計の操作，発言
■机間指導で，子どもの考えを把握し，取り上げる考えと順番を構想する。	
■みんなで考えていきましょう。 ○長い針はぐるぐる回るけれど，短い針は動き方がゆっく Point❷ ○長い針が6を指しているときは，短い針は12と1の間にあるね。 ○短い針が6を指しているときは，長い針が12を指しているね。 ○長い針が一回りして12を指すときは，短い針は必ず6→7→8…とぴったり数字のところを指すよ。 ○長い針が一回りして6を指すときは，短い針は必ず，数字と数字の間のところを指すよ。	◎模型時計の操作，発言
■ い が6時を表していること，あ は「12時半」を表していることを伝え，「何時」と「何時半」の読み方を確認する。	□色チョークで線やキーワードを加えてまとめにつなげる。
■教科書を開き，時刻を読む問題に取り組ませる。	□教科書を開く。
■練習問題として，時計の針を合わせる問題に取り組ませる。	

実践事例3　1年　いま　なんじ

実践事例 4

1 年　いくつと いくつ　〔1時間目〕

| 問題 | ほかにも あるかな。 | ●○○○○
●●○○○ |

袋の中に入れた2色のおはじきを，合計5個取るゲームをすることを伝えます。

Point ❶　板書で，活動を例示する

取ったおはじきの結果を，色や数の違いを整理しながら板書し，問題文につなげます。ます目黒板などを用いて，実際にかく様子を見せることで，問題把握を促しつつ，ノートへの書き方を示すこともできます。

【別の取り方をした例】　　　【同じ取り方をした例】
1人目　●●●○○　　　　 1人目　●●○○○
2人目　●●○○○　　　　 2人目　●●○○○
※板書するときは2人目の結果　T「必ず同じだね」
　を上に板書する　　　　　　C「そんなことないよ」
T「ほかにもあるかな？」　　 T「ほかにもあるかな？」

Point ❷　具体物を活用した集団解決

集団解決では，丸型磁石を利用します。磁石を用いると，子どもが短時間の操作で黒板に出て発表できます。また，磁石の置き方や順序の変更も容易です。階段状に並べることで，変化の様子や数へ注目することが期待でき，まとめにつなげることができます。

Point ❸　練習問題で，確実な定着を図る

様々な問い方の問題で，5の分解や合成を練習します。

例1）5個のおはじきの一部を箱に入れて
　　「箱には，いくつ入っているかな」

例2）5個のおはじきを両手に分けて持ち，片方を見せて
　　「もう片方には，いくつ持っているかな」

本時の目標	5の分解や合成を考え，表すことができる。

教師の働きかけ（■）と子どもの反応（○）	留意点（□）・評価（◎）
■袋や色違いのおはじきを見せ，「おはじきを5個取りましょう」と伝える。	□教科書は開かない。 □おはじきを準備させておくが，まだ出さない。
■1人目に取らせ，その結果を板書する。2人目も同様にする。	□ます目黒板などを利用し，実際に書きながら，表し方を例示する。
■問題文「ほかにも　あるかな。」を板書する。	
■「ほかにもあると思う人？」「ないと思う人？」と挙手をさせ，「それでは」とつなげ課題を板書する。ノートに書くように促す。 　　　　　　　　　　　　　　　　　　　　　　**Point❶**	

おはじきの　とりかたを　ぜんぶ　みつけよう。

○ノートに書いてみよう。
○全部で何種類できるかな。

■考えを発表し合う。 　○まだ，ほかにもあるよ。 　○この取り方（例 ●●●●○）は，下の方に並べるといいよ。	□板書済みの取り方を，丸型磁石で例示し，発表の仕方を示す。 □丸型磁石の色や数を整理して貼らせる。
■ペアで，実際におはじきを取って確かめる。　　**Point❷** 　○袋の中に，2色のおはじきを入れればいいね。 　○全部で5個取ればいいよ。 　○（ノートを指して）この取り方もできるはずだ。	
■黒板に，5個の取り方をブロックで示し，数字で表す。教科書を開かせ，確認する。	□教科書にある「5は②と○，○と○…」などの空欄に，数字を書き入れさせる。
Point❸ ■練習問題に取り組み，5の分け方や説明の仕方を全体で確認する。	◎ノート・説明

実践事例4　1年　いくつと　いくつ　　**35**

実践事例 5

1 年

ぜんぶで いくつ 〔1時間目〕

問題　ふえる おはなしは どっちかな。

　2つの挿絵を提示する，選択タイプの決定問題にしました。人数の変化が異なる場面を示すことで，「増える」のイメージを確実にすることをねらっています。

　本時は立式までを目標とし，考え方の書き表し方は，次時に別の問題で扱います。

Point ❶　絵のわずかな違いを生かして

　提示する2種類の絵は，1枚目と3枚目を入れ替えただけで，絵自体は全く同じものです。一見すると違いはないので，「同じ絵だよね」などと問いかければ，「同じ絵だけど…」や「順番が…」などの発言が出され，問題場面の理解に役立てることができます。

Point ❷　子どもの発言をもとに，「増加」の説明を整理する

　多くの子どもが，増える話はⓘと予想します。そこで教師が「本当？」「どうして？」と問い返せば，子どもは「だって…」と発言を繰り返します。その発言を生かしながら，「そうか，はじめに4人いたのだね」「どれだけ増えたのかな？」「全部で5人になったね」と，重要な言葉を教師が意図的に取り上げて，「増加」の説明の仕方を整理し，ⓘの絵の近くに，板書しておきます。

Point ❸　ブロックの動かし方にこだわる

　「合併」の場面につなげるためにも，ブロックの動かし方にこだわります。教師から「3つを動かしてはだめなの？」などと問いかけたり，誤答を例示したりしながら，繰り返しブロックの動かし方を説明させます。

本時の目標	増加の場面を，ブロック操作や言葉などで表現することができる。

教師の働きかけ(■)と子どもの反応(○)	留意点(□)・評価(◎)
■あ，いの2種類の絵を提示する。　　　　　　　Point ❶	□教科書は閉じておく。
■問題文を読み，「ふえる　おはなしは　どっちかな」を板書し，ノートに書くように促す。	□ノートに書かせる。
■あといのどちらだと思うか挙手させる。	
■本当？　どうしてかな？　　　　　　　　　　　Point ❷	□子どもの発言から，増加の説明に用いる言葉を整理し板書する。
○あは，最後に人が減るお話だよ。	
○いは初めに比べて1人増えているな。	
■いの増え方をブロックで確かめる。	□黒板で説明に合わせながら，大型ブロックを動かす。
■これも増えるお話になるかな？	
■子どもとのやりとりから課題を板書する。	□金魚の挿絵を配付する。
ふえる　おはなしを　せつめいしよう	
■お話のように，ブロックを動かそう。	◎観察
■増えるお話なのか，みんなで考えてみよう。	□机間指導で子どもの考えを把握し，指名計画を立てる。
○はじめに3びき
○2ひきふえると	□複数の子に，大型ブロックを操作させる。
○ぜんぶで5ひき	
■ブロックを動かしながら，言ってみよう。　　　Point ❸	□動きに合わせて，言葉を板書する。
○3あって　2ふえると　5になります。	
■「3+2=5」を示し，黒板と教科書を比較しながら，たし算について知る。	□増加を説明する言葉の近くに式を板書し，式が言葉のどこを表しているか確かめる。
■式や記号の書き方を，ノートに数回練習する。	
■練習問題として主問題のいを式で表し，近くの人とペアトークさせる。	◎ノート・発言
○4+1=5　4あって1増えると5になる。	

実践事例 6

1年

のこりは いくつ　〔1時間目〕

問題　３＋２の　おはなし　でしょうか。

　場面を表す絵を示したあと，誤った式を提示して正誤を問う決定問題にしました。「３＋２」と既習である加法の式を示すことで，「本当に増えているか」と主体的に試行錯誤させ，人数が減少するという新たな場面に気づかせることをねらっています。

Point ❶　誤った式と場面を比較させ，説明する必要感を引き出す

　「３＋２のおはなしでしょうか」と問うことで，自然とたし算の単元で取り組んだ場面が想起されます。その場面との比較に基づいて，新たな「ひき算」の場面をブロックの操作や言葉で説明する必要感につなげたいと考えました。

Point ❷　子どもの発言につなげて，「求残」の意味に気づかせる

　予想を尋ねると，多くの子どもは「違う」と反応することが想定されます。教師が「本当？　どうして？」と問うことで，「はじめ３人いて，２人帰った」「最後に１人残った」などの発言を強調・確認しながら板書しておきます。そして，「のこりはいくつ」（求残）のお話であることを明確にするのです。

Point ❸　ブロックの操作と言葉を関係づけて，ひき算の式を理解させる

　次のページの「金魚の絵」も「のこりはいくつ」のお話であることは，ブロックの操作によって説明されます。この操作は，１年生にとって非常に重要な言語活動ですから，１人の発表だけであとは教師が説明し直して終わらせるのではなく，操作しながら多くの子どもに話させたいものです。そして，子どもの言葉と操作，式を関連づけながら板書で際立たせることがきわめて大切です。

本時の目標	求残の場面をブロック操作や言葉などで表現できる。

教師の働きかけ(■)と子どもの反応(○)	留意点(□)・評価(◎)
■3枚の絵を上から順に黒板に提示し,「3+2のおはなしでしょうか。」と問題文を板書する。	□教科書を開く。 □ノートに書かせる。
■予想を尋ね,挙手させる。　　　　　　　　Point❶	
■「本当？　どうして？」と投げかける。　　Point❷ 　○2人帰ってるから,増えるたし算じゃない。 　○最後に1人だけ残っちゃってるお話だよ。	□子どもの発言から,求残の説明につながる言葉を板書する。
■「3枚の絵のお話」をブロックで確かめる。	□黒板で説明に合わせながら,大型ブロックを動かす。
■「この絵も『残りはいくつ』のお話かな」と,子どもとやりとりしながら課題を板書する。	□絵を配付し,教科書を片づけさせる。
「のこりはいくつ」のおはなしなのか,せつめいしよう。	
■「金魚の絵」のように,ブロックを動かしてみよう。	□机間指導で子どもの表現を把握し,指名計画を立てる。
■みんなで考えていこう。　　　　　　　　Point❸ 　○はじめに5ひき 　○3びきとると 　○のこりは2ひき	◎観察・発言 □複数の子どもに大型ブロックを操作させ,言葉を板書する。
■ブロックを動かしながら,お話ししよう。 　○初めに5あって,3とると,残りは2になる。	
■「5-3=2」を板書し,教科書の例示場面と比較しながら,ひき算について知る。	□教科書を開く。 □求残を説明する言葉の近くに式を板書し,式と言葉の関連を確認する。
■式や記号の書き方を,ノートに数回練習させる。	
■練習問題として教科書の例示場面の絵を式で表させ,ペアトークさせる。	◎ノート・発言

実践事例 7

1 年

どれだけ おおい 〔1時間目〕

| 問題 | あかだまと しろだまでは どちらが おおいですか。 |  |

　前単元「のこりはいくつ」で，求残，求補の場面について学習しています。本単元では求差を学習します。求差の答えは，2つの数量の大きさの違いです。2つの数量を対応させることや数値を求めるだけでなく，「○○がいくつ多い」のように数量の大小関係についても考えていくので，求差は求残や求補に比べ，難しい問題といえます。

Point ❶ 並べる必要感をもたせて自然に一対一対応をする展開に

　少しの時間だけ図を提示すると，赤玉と白玉とで並んでいる間隔が異なるので，「赤が1個多い」ように見えますが，もう1度図を提示して考えさせると，「赤が2個多い」のがわかります。どうしてわかりにくかったのか尋ね，「きれいに並んでいない」という発言を引き出し，きれいに並べる必要性を感じさせます。赤玉と白玉を同じ大きさにすることで，並べると自然に一対一対応ができるので，「どちらがどれだけ多い」の理解につながると考えます。

Point ❷ 具体物，図，式を関連づける

　実際に操作すると，どのように計算しているかの理解につながり，答えを求めることができます。一対一対応を行うと，余った2が数が求差の場面の答えで，式が7－5となることがわかります。具体物と図，そして式を関連づけて理解を確かにしていきます。

Point ❸ 図の見方を学び，確かな理解を図る

　求差は，2つの異なる数量があり，たし算をしてしまう誤りや，立式で減数と被減数を入れ替えてしまう誤りを見ることがあります。求差の答えである「2つの数量の大きさの違い」が図でどのように表されているかを十分に考えさせて計算させます。

本時の目標	求差の場面の計算の仕方について，ブロックや図を用いて説明できる。

教師の働きかけ(■)と子どもの反応(○)	留意点(□)・評価(◎)
■問題文「あかだまと　しろだまでは　どちらが　おおいですか。」を板書し，図を提示する。 Point❶ 　○赤が多いよ。 　○赤が1個多いね。 　○ちゃんと数えると赤が2個多いね。	□教科書は開かない。 □最初は少しの時間だけ図を提示し，「1個多い」を引き出してから，もう1度図を提示する。
■どうして最初はわかりにくかったのかな。 　○きれいに並んでいないからわかりにくい。	□どうして並べるかを考えさせる。
あかだまと　しろだまを　きれいに　ならべて　かずを　くらべよう。	
○やっぱり赤玉の方が多かったよ。 ○並べたら，赤玉が2個多いのがわかりやすいね。 	
■計算でも求められるのかな。 ■机間指導で，子どもの活動を見取り，指名計画を立てる。	□ブロック操作からどのような計算になるか考えさせる。
■みんなで考えよう。 　○7こと5こだから12こかな？ 　　→赤玉が7こしかないのに，白より12こ多いとなるのはおかしいね。 　○違いを求めればいいから，白と同じ5だけ7からひけばいいね。 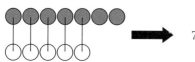 Point❷	□問題の意味を考えさせて，たし算で求めた12が不適切であることを確認する。 ◎発言・ノート
○これまでのひき算と違う図になったけど，7-5の答えは同じだね。 ○ひき算で「どれだけ多いか」を求めることができるんだね。 Point❸	□求残や求補との違いについて，扱ってもよい。
■ブロックを用いて練習問題に取り組ませる。 「白組は6人います。紅組は9人います。紅組は，白組より何人多いですか。」	□数の少ない方を先に提示する。 ◎ノート

実践事例 8

1年
かずを せいりして 〔1時間目〕

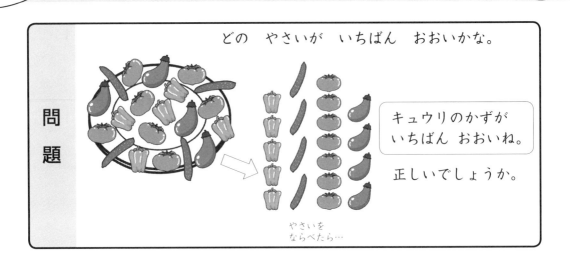

収穫した野菜の数を比べる場面のイラストを活用した問題提示を考えました。また，「同じ種類の野菜を集めて並べる」という絵グラフも提示して，数を比べるときに大切なことを子どもたちから引き出せるようにしました。

Point ❶ 「数」と「大きさ」の違いを明確にして対応させる

子どもたちはこれまでに，2つの集合を1対1対応させ，数量を比較する活動を行ってきています。その際には，対象の位置にごまかされることなく，線で結んだりおはじきに置き換えて数えたりすることが大切であることを学んできました。ここでは，その学習を生かし，絵グラフで数を整理するときの大切なポイントである「縦と横をそろえて並べる」という点に気づけるようにしました。

Point ❷ 誤答との比較で意味の理解を図り，グラフを用いることで目的を意識する

提示された誤答の絵グラフによってポイントを確認したあとは，正しい絵グラフを用いて数を整理していきます。誤答と正答を比較することを通して，絵グラフのよさをより理解することができます。また，グラフはかくことがゴールではなく，用いることを前提としてつくられるものだということを子どもたちも感じられるよう，読み取る活動も充実させることが，今後のグラフに関する学習によい影響を与えていくことでしょう。

本時の目標	絵グラフに表す際に，わかりやすくなるようにそろえて並べるなど，表し方の工夫を説明することができる。

教師の働きかけ(■)と子どもの反応(○)	留意点(□)・評価(◎)
■「収穫した野菜のイラスト」を黒板に貼る。 ■「どの やさいが いちばん おおいかな。」と板書し，ノートに書くよう促す。 ■予想を挙手させる。 ■「同じ種類の野菜を並べた絵グラフ」を配付し，ノートに貼らせる。 ■「キュウリの数がいちばん多いね」と問い，子どもの反応から課題を板書する。 　　　　　どうして正しくないのか，せつめいしよう。 ■ノートに自分の考えを書きましょう。 ■机間指導で，子どもの考えを把握し，取り上げる考えと順番を構想する。 ■みんなで考えていきましょう。　Point❶ 　○きれいにそろえて書かないから，キュウリが多くあるように見えたんだね。 　○「大きさ」や「長さ」は関係ないよ。 　○<u>縦・横をきれいにそろえて並べると数がわかり</u>やすいよ。 ■「そろえる」などの意味が共有されたあと，野菜の数だけ色をぬってグラフを完成させるよう促す。 ■完成したグラフをもとにすると，数の大小や数の違いがわかりやすくなることを確認する。　Point❷	□教科書は開かない。  やさいをならべたら…。 ◎ノート，発言 □黄色のチョークでキーワード「たて」「よこ」「そろえる」「ならべる」に線を引いたりしてまとめにつなげる。 □教科書を開く。 ◎ノート・発言

実践事例8　1年　かずを　せいりして　43

実践事例 9

1年
10より 大きい かず 〔1時間目〕

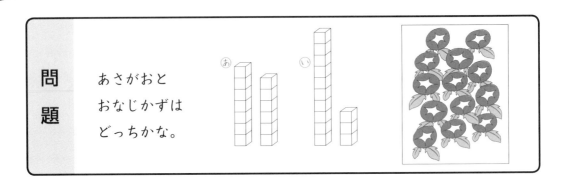

問題：あさがおと おなじかずは どっちかな。

　あさがおの花の数を問えば，すぐに13と答えられる人がそれなりにいると推測されます。しかし，ただ読むだけでは不十分であり，十進位取り記数法の基本である，「10のまとまり」をしっかりと理解させることが重要です。そこで，10のまとまりに目が向くように，数は同じでも置き方が異なる2つのブロック図を提示し，あえて「いくつ」を問わない問題にしました。

Point ❶　ブロックの並び方の比較から，10のまとまりを意識させる

　試行錯誤させると，あといの両方とも花の数と等しいことがわかります。そこで，「どちらでもいいね？」と問いかけ，子どもから「10のまとまり」にかかわる発言を引き出します。さらに，いの並び方の方がわかりやすい理由を明らかにすることで，「10のまとまり」がより強調され，課題の設定につなげることができます。

Point ❷　共通点を明らかにし，まとめにつなげる

　集団解決の場面では，それぞれの考え方の関連を図ります。共通点を考えさせると，「10」にかかわることがらが繰り返し発言され，本時のまとめに向かうことができます。

【子どもの考えを関連づける発問例】
T：(その2) この「10」はブロックの図にもある？
C：10個まとめてあるところと同じだよ。　⇒線で結ぶ
T：その1とその2は，図と数字だから別の考えだよね？
C：どっちも10と8で似ているよ。　⇒10と8を板書

本時の目標	ブロックを用いて20までの数を数え，読んだり表したりできる。

教師の働きかけ(■)と子どもの反応(○)	留意点(□)・評価(◎)
■拡大印刷した図を黒板に掲示し，あさがおの花にブロックを数個置いて，実演して見せる。	□教科書を開くか，印刷した紙を配付する。
■問題文を板書し，ノートに書くように促す。	□ノートに書かせる。
■花の上にブロックを置かせ，ブロックを⑤，◎のどちらの形に並べ替えられるか確かめる。 ○花の上にブロックをぴったり置けばいいね。 ○⑤と◎，どちらの形にも並べられるよ。	□⑤，◎の図が印刷された紙を配付する。 ◎観察
■⑤，◎の両方の形になるなら，どちらの並べ方でもいいよね。 ○◎の方がわかりやすい。 ○10になっている方が，数えやすいよ。　Point❶	□⑤と◎の並べ方の違いから，10のまとまりに注目させる。 ◎発言
■10個にまとめる考えを強調し，「それでは」とつなげて課題を板書する。	

10といくつで　かずをあらわそう。

■あさがおの数は，いくつと言えそうかな。 ○10と3だから，13だね。 ○「じゅうさん」は，13と書けばいいね。	□13の読み方を確かめ，ノートに数回書かせる。
■「ほかの数も『10といくつ』で言えるのかな」と問い，にがうりの数（18）をブロックで確かめる。	□5分時間を取り，途中で黒板にブロックを置かせる。
■みんなで考えていきましょう。　Point❷	

(その1) ブロックを 並べたよ。	(その2) 10と8だから ぜんぶで18こ

□共通点を探し，「10」の説明を矢印などで結ぶ。 ◎ノート・発言

■10より大きい数も，10といくつで表せるね。	
■教科書のブロック図に，数字を書かせる。ペアトークで答え合わせさせる。	◎教科書・発言

実践事例9　1年　10より　大きい　かず　**45**

実践事例 10

1 年

かたちあそび　〔2時間目〕

問題

4つの動物を「すべり台」で
すべらせてみよう。

　教科書では，導入において，子どもが持ち寄った様々な立体を積み重ねる活動が例示されています。活動に夢中になるあまり，立体の特徴に目を向けにくい子どもも見られます。そこで，ある程度それらの活動をさせたあと，すべり台を用いて立体を滑らせたり，転がしたりする活動を取り入れることで，「滑る」と「転がる」の違いに子どもが気づき，自然と仲間分けをしていけるようにしています。

Point ❶　形の特徴を捉えて名前をつけることができるように

　本時では，4種類の立体を動物の形に模した提示を行うことで，すべり台を滑らせたときの様子の違いが明確になるようにしています。「動物の顔がかくれる形」「動物の顔がかくれない形」などという観察を通した表現から，「転がるから顔がかくれてしまう」「滑るからずっと顔が見える」などと，立体の特徴を捉えながら子どもが名前をつけていく姿が期待されます。

Point ❷　さらに仲間分けすることができないかを問う

　「滑る形」「転がる形」という仲間分けから，さらに分類できないかを問うことで「滑る形にも違いがある」「転がり方が少し違う」などと，名前をつけた形の特徴を，さらに細かく調べていこうとする姿を引き出していきます。

Point ❸　根拠をもって話す姿を称賛する

　導入の活動を根拠として，「〜な転がり方だったから…」「どの部分を滑らせても同じだった」などと，立体の特徴について話す子どもの表現を称賛しながら，まとめにつなげていきます。

本時の目標	身近な立体を観察・構成し，形の特徴を捉えて説明することができる。

教師の働きかけ（■）と子どもの反応（○）	留意点（□）・評価（◎）
■4種類の立体に動物の顔や耳をつけたものを提示し，すべり台を滑らせる遊びを紹介して，実際に活動する。　　Point ❶ ○くまさんの形は，すべり台を滑っていったよ。 ○ねこさんの形は，つけた耳や顔も下敷きになっちゃった。滑るのでなく，転がるという感じかな。 ○ねこさんの形は，真っすぐに転がらないよ。 ○きつねさんの形も，つけた顔が下敷きになっちゃった。滑るのでなく，転がるという感じだね。 ○うさぎさんの形は，くまさんと同じように滑っていったよ。	□扱う立体は4種類だが，大きさなどは，様々な違いのあるものを準備する。
■滑り方を観察した子どもの発言を取り上げる中で，「滑る」形と「転がる」形があることを確認し，仲間分けをする。　　Point ❷	□必要に応じて「滑る形」と「転がる形」を同じ仲間と考えてよいかを問う。
<div align="center">2種類にしか仲間分けできないのかな？</div>	
■ノート（ワークシート）に自分の考えを書きましょう。	◎ノート □必要に応じて，立体が2種類に仲間分けされているワークシートを配付し，丸で囲んだりしてさらに仲間分けができるようにする。
■机間指導で，子どもの考えを把握し，取り上げる考えと順序を構想する。	
■みんなで考えていきましょう。　　Point ❸ ○転がる仲間の中にも，真っすぐ転がるものと，そうでないものがあるよ。 ○「つつ」の形は真っすぐ転がるし，置き方を変えれば「滑る」仲間にもなるよ。 ○「ボール」の形は，真っすぐ転がらないよ。 ○「はこ」の形も，よく見ると全部同じ形でできているものと，そうでないものがあるよ。 ○4種類の仲間に分けることができそうだぞ。	◎発言 □色チョークで線やキーワードを加えてまとめにする。
■教科書を開かせ，立体の4種類の仲間分けの仕方を確認する。	□教科書を開く。
■「この形は，どの仲間に入るでしょうか？」 練習問題をやってみましょう。	◎ノート・発言

実践事例 11

1 年

3つの 数の たし算, ひき算 〔1時間目〕

問題

（※アニメーションを活用して）
4人があそんでいました。たぬきさんたちと，くまさんたちがあそびにきました。みんなで何人でしょう？
式は「4＋5」でよいでしょうか？

（※くまさん，たぬきさんが来たら，映像を消していくとよい。）

　教科書では，導入において，「4＋2＋3」になる問題の場面を，挿絵で示しています。このような教科書の提示を生かし，本問題では，あとから遊びに来た「くまさん」「たぬきさん」を順番に登場させたり，登場したら画面から消えたりするような工夫をしています。

Point ❶　問題場面を提示する順序や問題文を吟味する

　本時では，初めにアニメーションの場面を見せ，「たぬきさんが3人きて」「くまさんが2人きた」というお話の場面を子どもがイメージできるようにしています。そのあとで，たぬきさんとくまさんの人数がわからない条件不足の問題文提示，さらに「4＋5」という問題文と整合しない式の提示を行います。このように，問題場面を提示する順序や問題文を吟味することで，「4＋5？　でも，たぬきさんは3人，くまさんは2人だったよね」「5なんて数は，問題文にないよね」「でも…」などと，子どもが自ら考えていく姿が期待されます。

Point ❷　必要に応じて，子どもを揺さぶる発問を

　集団解決の中で，「『4＋5』でいいんだよ！　だって答えが同じだもの」「『4＋3＋2』って書くんだよ。知っているもの」などという考えが出た段階で，子どもも教師も満足して先に進んでしまうことがよくあります。そのようなタイミングで，「『5』って何？」などと，子どもを揺さぶる発問を用意しておくことで，子ども同士の交流が活発になり，問題場面と式を関係づけて考える姿を引き出すことができます。

本時の目標	3口の加法の場面や計算の仕方について，ブロックや図を用いて表すことができる。

教師の働きかけ(■)と子どもの反応(○)	留意点(□)・評価(◎)
■アニメーションを見せて，問題の場面について話し合う。 　○みんなで何人になるのかな。 　○「1・2・3…」9人だ！ 　○たし算の式もつくれるんじゃないかな。 ■たし算の式「4＋5」を提示し，正しいと思うかを問う。　Point❶ 　○問題の文には，「5」なんて出てこないから，ぼくは違うと思う。 　○いや。でも答えは「9」だから合っているんじゃないかな？ 　┌──────────────────────────┐ 　│　　　式は「4＋5」でいいのかな？　　　│ 　└──────────────────────────┘ ■ノートに自分の考えを書きましょう。 ■机間指導で，子どもの考えを把握し，取り上げる考えと順序を構想する。 　○まずたぬきさんが3人来て，次にくまさんが2人来ているんだから，「4＋5」の式はおかしいと思うな。 　○遊びに来た人数は，全部で5人だから，もとからいた4人と合わせると「4＋5」の式でいいんじゃないかな。 　○「4＋3＋2」と表してもいいんじゃないかな。 ■みんなで考えていきましょう。　Point❷ 　○「4＋5＝9」だから，答えは正解だよ。 　○「4＋5」でいいの？　すっきりしないなあ。 　○「4＋5」では，たぬきさんが3人来て，くまさんが2人来たということがわからないよ。 　○遊びに来た人の数「5」の中に「3＋2」がかくれているよ。 　○「4＋3＋2」と，3つの数のたし算に表せば，お話とぴったり合うね。 ■練習問題をやってみましょう。 「赤い花を4本持っていて，黄色い花を1本，白い花を3本もらいました。全部で何本になりますか。」	□アニメーション，問題文，「4＋5」の順に提示することにより，問題文に「5」がないのに答えが「9」で正解していることに気づけるようにする。 ◎ノート □必要に応じて，「5という数は問題文にないよ？」などと問い，そこにたぬきさんとくまさんが来たという情報が含まれていないという考えを引き出す。 □必要に応じて，意図的に間違いを示し，問題場面と整合する式を引き出す。 ◎発言 □教科書を開く。 ◎ノート

実践事例11　1年　3つの　数の　たし算，ひき算　**49**

1 年　たしざん　〔1時間目〕

問題

たまごは　ぜんぶで　いくつに　なるでしょうか。

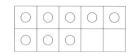

（※授業では、卵に見立てたピンポン球と卵パックで示す。）

　この単元では、繰り上がりのある加法を学びます。「いくつといくつ」の学習を生かして「10のまとまり」をつくり、「10といくつ」を意識させていくことが大切です。

Point ❶　「10のまとまり」をつくりやすい具体物や数値の提示

　本時は単元の導入なので、「10のまとまり」で考えるよさを子どもたちに実感させていきたいと考えました。そこで、10個入りの卵パックを用いて、10の補数を見えやすくするよう工夫しています。また、具体物だけではなく、加数と被加数のどちらでも分解しやすい「7＋8」と数値を設定し、問題を提示しています。

Point ❷　合併で問題提示し、加数と被加数どちらでも分解できる展開に

　本時は、加数と被加数のどちらも分解することができるよう、数値だけでなく場面にもこだわり、増加ではなく合併で出題しています。7＋8を増加で提示すると加数の8の分解だけを連想させてしまうと考えました。2時間目以降の加数分解の学習で、増加を扱うのが適切だと考えます。

Point ❸　「10のまとまり」と「10といくつ」を意識させる

　7＋8は加数分解、被加数分解のいずれを行っても10のまとまりをつくるともう一方が5になるので、10と5で15と答えを求めていきます。「10のまとまり」と「10といくつ」の2つを強調してまとめたいものです。

本時の目標	1位数同士の繰り上がりのあるたし算の仕方について、ブロックを用いて説明することができる。

教師の働きかけ(■)と子どもの反応(○)	留意点(□)・評価(◎)
■問題文を板書し、卵とパックを提示する。　**Point ①** たまごは　ぜんぶで　 いくつに　なるでしょうか。 ○たし算の式にすると7＋8だね。 ○答えが10より大きくなりそうだ。 ○1つずつ数えたら答えを求めることができるよ。 ■課題を板書する。 　　　どのように　けいさんしたら　よいのかな。 ■ブロックで、考えてみよう。 ■みんなで考えていきましょう。　**Point ②** ○ブロックをいくつか動かすと「10のまとまり」ができるよ。 ○10のまとまりをつくるために8に2をたすと… 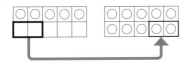 ○10のまとまりをつくるために7に3をたすと… 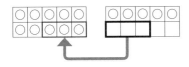 ○どちらを動かしても「10のまとまり」ができた。 ○10のまとまりと5をあわせると、15だね。　**Point ③** ○7＋8＝15になるね。 ○「10のまとまり」をつくり、「10といくつ」にすると簡単に答えがわかるね。 ■確認問題として7＋6を扱う。ブロックを操作し、ペアトークさせる。	□既習との違い（答えが10より大きくなること）を確認する。 □下図のような用紙を配付する。 ◎ブロック・発言 □必要に応じて、1つの分解だけではなく別の分解の仕方がないか問いかけ、活動させる。 □「10のまとまり」と「10といくつ」を強調し、まとめる。 ◎ブロック・発言

実践事例 13

1年

ひき算　〔1時間目〕

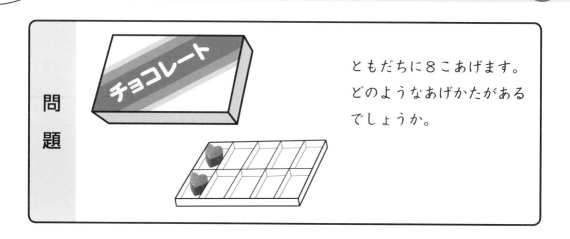

問題：ともだちに8こあげます。どのようなあげかたがあるでしょうか。

　教科書では，繰り下がりのあるひき算について，ブロックを用いて減加法の考え方を示しています。本問題では，12−8の場面について「10のかたまり」を未開封のチョコレートに変え，「相手に渡す」という設定を加えることにより，「2個渡してから，あといくつ渡すかを計算して考える」という煩雑さを実感し，10のかたまりから「8」を一度に取り去るよさを感じられるよう工夫しました。

Point ❶　ブロックや図を用いた操作につながる問題提示

　10のかたまりの中にあるチョコレートを意図的に隠し，8個渡さなければいけない状況を提示することで，子どもは自然と未開封のチョコレート（10のかたまり）に着目していくことができます。そのことから，自分なりのチョコレートの操作をブロックや図に置き換え，「2個渡してから…」「10から8を取って…」などと説明をする子どもの姿を引き出すことが期待できます。

Point ❷　子ども一人ひとりの表現を生かす教師のかかわり

　「1つずつ数えていく」「まず2つを渡し，その後に包みを開いて6つ渡す」「箱を開いて10個から8つ渡す」などの方法について，「○○さんはどう考えたのかな？」「2つの方法はどう違うのかな？」などと尋ねていきます。さらに，それぞれの長所，短所について明らかにしていくことで，「10のかたまり」に着目するよさを子どもが感じられるようにしていきます。

本時の目標	繰り下がりのあるひき算の仕方（減加法）について，ブロックなどを用いて説明することができる。

教師の働きかけ(■)と子どもの反応(○)	留意点(□)・評価(◎)
■問題の場面について話し合う。　　　Point❶ ○まず2個あげて…それから新しい方の箱を開けて…。 ○まず初めに箱を開けてしまって，8個あげちゃうよ。 ○見えないけど，箱の中は何個入りだろうか？ ○きっと10個入りだよ！	□箱の中は10個入りであることを伝える。

どのようなあげかたがあるでしょうか。

■ブロックを動かして，実際にやってみよう。	
■机間指導で，子どもの考えを把握し，取り上げる考えと順序を構想する。 ○「1」「2」…箱を開けて，「3」「4」…「8」個になる。 ○まず2個あげた。8－2で残り6個だから，箱を開けて6個取る。 ○箱の中は10だから，8個取ったら2個残る。	◎ノート，観察 □「2つ取ったあとに6つを渡すのはどうして？」などと，数の意味を問う発問をすることで，「8－2＝6」という式の考えを引き出す。
■みんなで考えていきましょう。　　　Point❷ ○1つずつ数えていくとできるね。 ○2つ取ってからひき算をすれば，「あと何個」取ればいいかわかるね。 ○10のかたまりから「ぱっと」取ると，すごく早く渡せるよ。	□「10のかたまりから8つ渡す」という考えに対して，「どうして2個残ることがわかるの？」などと問い，「2と8で10になるから」などという既習を用いた考えを引き出す。
■それぞれの方法の違いについて問う。 ○10のかたまりから「ぱっと」取る方法は，早く相手に渡せるね。 ○12－8を考えるなら，10のかたまりから引く方法が使えるね。 ○例えば，7個あげるなら3個残せばいい。9個あげるなら1個残せばいい。	
■確認問題に取り組む。 ○10のかたまりから取る方法は，いつでも使えるかな？ ○13－8なら，10から8を取って「2」，「3」と合わせて5個残る。 ○12－7なら，10から7を取って「3」，「2」と合わせて5個残る。	□「○○さんはどう考えたのかな？」「2つの方法はどう違うのかな？」などと問う。 ◎発言，ノート

実践事例 14

1 年

くらべかた　　〔1時間目〕

問題　どちらが 長いでしょうか。

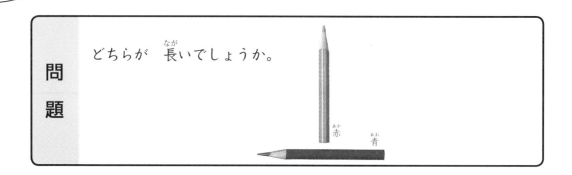

Point ❶ 子どもの予想を生かし，解決の必要感をもたせる問題に

　長さなどの量の大小について，子どもは日常生活の中で比較などの経験をしています。ただし，感覚的に「短い，長い」と捉えている子どももいるかと思います。比較や測定などの体験を通して，量の感覚を豊かにしていきたいものです。そこで，「錯視」を用いて，長さを直接比較する必要感をもたせられる問題を取り上げました。

Point ❷ 解決時に驚きのある展開に

　問題を提示すると，「縦の鉛筆が長い」「長さはどちらも同じ」といった予想が多くなります。課題を設定したあと，すぐに実物を与えるのではなく，各自の鉛筆を用いて比べ方を考えさせて見直しをさせてから，問題の図を配布し個人思考させます。集団解決では各自の比べ方をもとに，直接比較すると横に置かれている鉛筆の方が長いと確認します。予想とは違う結果になることを通して，直接比較する方法のよさに気づかせる展開にしました。

Point ❸ 教師が問いかけることで，子どもの主体性や発言を引き出す

　予想に対しての「本当なの？」という問いかけが，「長さの比べ方を考える」という必要性を感じさせます。また，集団解決での「向きを同じにする」という発言に対して，端をそろえずに向きだけを同じにして「これでいいの？」と問い返し，「端をそろえて並べる」という考え方に気づかせます。1年生なので正しく直接比較できたとしても表現できるとはかぎりません。教師が問い返し，子どもの発言を引き出して，本時で重要になる考えを子どもが見つけたと思えるようにしたいものです。

本時の目標	長さの直接比較の仕方を説明することができる。

教師の働きかけ(■)と子どもの反応(○)	留意点(□)・評価(◎)
■問題文を板書し,図を黒板に貼る。 Point❶ 　○縦に置かれている鉛筆の方が長い。 　○長さはどちらも同じだと思うよ。 ■「本当?」「絶対?」と問いかけ,課題を板書する。 Point❷ 　どのように　くらべたらいいかな? ■自分の鉛筆で比べ方を考えよう。 　○2本並べてみるとわかるよね。 ■どちらが長いか確かめてみよう。 ■机間指導で,子どもの考えを把握し,取り上げる順序を構想する。 ■みんなで考えていきましょう。 Point❸ 　○向きを同じにするね。 ■向きは同じだが,端のそろっていない比較の仕方を示し,正しいか考えさせる。 　○「端をそろえて並べる」と,どちらが長いか比べることができるね。 ■教科書の「ひも」と「はがき」の場面を確認問題として扱い,ペアトークさせる。 ■3つの問題場面について「同じ」探しをさせる。  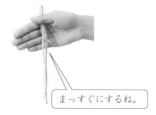  　はしをそろえるんだね。　まっすぐにするね。　向きを同じにするね。 　○長さを比べるときは「端をそろえる,真っすぐにする,向きを同じにする」んだね。	□教科書は開かない。 □直感的に予想させ,解決の意欲化を図る。 ◎観察 □問題の図を配付する。 ◎観察 □「向きを同じにする」から扱う。 □右の写真のような誤答を示す。 □教科書を開く。 ◎発言 □共通点を強調し,まとめる。

実践事例14　1年　くらべかた　55

実践事例 15

1 年

大きな かず 〔1時間目〕

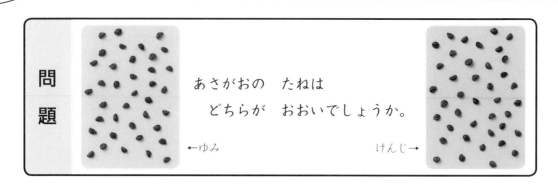

問題：あさがおの たねは どちらが おおいでしょうか。
←ゆみ　　けんじ→

　この単元では，「20までの大きな数」の学習を既習として，「100までの大きな数」を扱います。教科書の「朝顔の種」を数える場面を生かし，実際に数える活動を通して，面倒くささを実感し，「10ずつまとめる」よさと位取りの仕組みに気づかせたいと考えました。

Point ❶ 答えを確認して考え方に焦点化する

　本時の目標は，「10を単位として数え，表し方に気づく」ですから，「正しい種の個数」という「答え」を授業の終末まで明らかにしない展開とはしませんでした。早い段階で「1個ずつ数える」わずらわしさを感じさせつつ，「38個」と「40個」を確認して，よりよい「数え方」を考えることに焦点を当てています。

Point ❷ 共通点を問い，10ずつまとめるよさに気づかせる

　集団解決で，いろいろな「10個の種の囲み方」があることを，教科書やプリントへの線の書き込みの多様さで見せるため，実物投影機を使ってたくさんの子どもに発表させます。そして，教師が「どれも違う考えなの？」などと問い，共通点に目を向けさせることで，「10ずつまとめる」よさに気づかせようとしています。

Point ❸ 「十進位取り記数法」の仕組みを振り返ってまとめる

　また，黒板の拡大コピーの種の上に置いたブロックを子どもの発言に応じ，十の位と一の位の位取りの表にすることで，自然なまとめにつなげています。

本時の目標	「何十」や「何十何」を10を単位として数え，表し方に気づく。

教師の働きかけ(■)と子どもの反応(○)	留意点(□)・評価(◎)
■問題の図（教科書の拡大コピー）を提示し，問題文「どちらがおおいでしょうか。」を板書し，ノートに書かせる。	□教科書を開かせる。 □問題の図のコピーを配付し，取り組ませる。 ◎プリント
■予想を尋ね，挙手させる。	
■「確かめてみよう」と，試行錯誤の時間を2分程度取る。	□誤答と「1個ずつ数える子」を把握する。
■「どうでしたか」と投げかけ，「ゆみ」と「けんじ」の種の数を尋ねる。	
■「誤答→正答」の順に取り上げ，「どれが正しいの？」と問う。「1個ずつ数えた」考えを取り上げ，個数を確認して「この数え方しかない？」と尋ね，課題を板書する。　　　　Point❶	□黒板の拡大コピーの種の上にブロックを置きながら，あえて1個ずつみんなで数え，面倒くささを実感させて課題につなげる。
かぞえかたを　せつめいしよう。	
■「自分で考えてみよう」と個人思考させ，机間指導で指名計画を立てる。	□問題の図のコピーを再度配付する。
■みんなで考えていきましょう。　　　　　　　　Point❷ ○「2個ずつ」や「5個ずつ」種を囲む考え→「10個ずつ」囲む考えの順に取り上げる。 ○ゆみ「10個入りの袋」が3袋とあと8個 ○けんじ「10個入りの袋」がちょうど4袋	□実物投影機で教科書やプリントを投影して説明させる。 ◎プリント・発言
■子どもの発言につなげて，拡大コピーの種の上に置いたブロックを移動させ，「10のかたまり」にしながら，確認していく。 　　　　　　　　　　　　　　　　　　　　　　Point❸	□ブロックを移動して位取りの仕組みに気づかせ，「10のまとまり」を板書で強調してまとめる。
■「38」と「40」の表記とブロックを比較し，読み方や書き方，それぞれの数の意味を確認し，教科書と関連づける。	□板書を矢印や囲みで強調し，関係づける。
■教科書の問題に取り組ませ，ペアトークで数え方と答えを説明し合わせる。	◎教科書，発言

実践事例 16

1 年

なんじなんぷん 〔1時間目〕

問題

ほんとうでしょうか？

10じ1ぷん

　教科書では，上の時計の読み方を，「10時5分」と示し，「1目盛りは何分を表しているかな」と問いながら，1分から60分までの数字を時計の文字盤の目盛りと対応させて記載しています。このような提示を生かし，本問題では，誤りを含んだ問題を提示することで，1目盛りが何分であるかを見いだしたり，大きい目盛りが5分ごとについていることに気づいたりできるようにしました。

Point ❶ 既習と結びつけて考えることを促す発問

　本時では，問題場面が「10時1分」ではないことに気づき，「1目盛りは1分」であることを子どもたちが見いだしていきます。しかし，「目盛りを数えていけば時刻がわかる」といった理解では不十分です。必要に応じて，「どうして5分なのに『1』『2』『3』…などと数字がついているのかな」「この数字は何の目印なのかな」などと発問することにより，数字がついている目盛りは5分，10分，15分となっていることに気づき，「大きなかず」の単元で学習した「5とび」の数え方と結びつけながら考える姿を引き出すことで，文字盤上の数字と「何分」を対応させて考えていけるようにします。

Point ❷ 見いだした考えの妥当性を検討する確認問題

　「5とび」の数え方について，文字盤の「8」「9」でも確認していきます。このことから，1目盛りずつ数えなくても，「10時40分」「10時45分」が読めることを実感し，「10時43分」「10時48分」などの時刻を読む学習につなげていきます。

本時の目標	時計の仕組みに気づき，時刻（何時何分）を読むことができる。

教師の働きかけ（■）と子どもの反応（○）	留意点（□）・評価（◎）
■問題の場面について話し合う。 　○短い針が，「10」を指しているから，「10時」は正しいんじゃないかな？ 　○長い針は，「何分」を表しているんじゃないかな。 　○長い針は，「1」を指しているから，「1分」と読むのかなあ。 　○長い針は，ぐるりと回っても，「10時12分」までにしかならないことになるね。 　○でも，「10時40分」とか「10時50分」なども聞いたことがあるよ。 　○試しに1分待ってみても，針はそんなに動いてないぞ。	□「10時1分」という誤りの提示から，「1分」を実際に体感し，実際の時計の針の動きを観察させることにより，正しい読み方を確かめようとする意欲を引き出す。

ながいはりは，ほんとうはなんぷんなのかな？

■時計の図に，自分の読み方を書いてみましょう。	◎時計の図への書き込み
■机間指導で，子どもの考えを把握し，取り上げる考えと順序を構想する。 　○目盛りを見つけたよ。全部で60個目盛りがあるから，時計に書き込んでみたよ。	□時計の図は，大きめのものを準備し，子どもが目盛りに着目したり数字を書き込んだりしやすいものにする。
■みんなで考えていきましょう。　 　○「10時」から「1」までの間に，目盛りが5つあるから，「10時5分」と読むのが正しいと思うよ。 　○「1」「2」「3」…などの数字は，何の目印なのかなあ？ 　○「2」のところまでは目盛りが10個ある。 　○「3」までは15個，「4」までは20個…。もしかすると，「5とび」になっているのかな。	□必要に応じて，時計にある「1」「2」「3」などの数字の位置に着目させ，目盛りの数を調べさせる。
■すべて「5とび」になっているか，確認しましょう。 　○10時40分は，「8」のところ，10時45分は「9」のところ…やっぱり時計の数字は「5とび」の目印なんだね。	◎発言
■練習問題をやってみましょう。	

実践事例

17

1　年

どんな　しきに　なるかな　〔2時間目〕

問題

みんなで9人ならんでいます。さとしさんは，まえから4ばんめです。
さとしさんのうしろになん人いるでしょうか。

どちらのしきで，もとめられるでしょうか。
あ 9 ＋ 4　　　い 9 － 4

　教科書では，前時から「○の図に表して考えましょう」と出てきていますが，演算決定の根拠として図を用いるということを子どもがより意識し，順序数から数量を捉え，減法を用いることができると説明することができるような問題としました。

Point ①　立式の根拠を明確に

　ひき算といえば「残りは」「いくつ多いですか」，たし算といえば「あわせて」「全部で」など，キーワードだけで判断してしまわないよう，本問題では「みんなで」という紛らわしいワードも含めたものとしました。これまでの問題との違いを明らかにしたいものです。

Point ②　順序数を手がかりに集合数を捉える

　「この場面もひき算を用いて考えることができるよ」と，図を用いて説明する姿を引き出せるようにし，図を用いる必要感が生まれるようにしました。その際は，順序数と集合数の違いを整理し，順序数を手がかりに集合数を捉えられることに気づけるようにしたいと考えます。

Point ③　練習問題では，答えだけでなく立式の根拠も

　本時の目標の観点は，数学的な考え方です。そのため，練習問題では答えだけを求められればよいのではなく，順序数と集合数を整理して考えることができるかを確かめるようにしなければなりません。また，集団解決の中で図のよさを確認しておくことで，この場面では図を用いながらペアトークを通して目標を達成できるようにしていきます。

60　Ⅱ 実践編

本時の目標	順序数の減法が用いられる場面で，図などを用いて集合数に置き換えて考え，式に表すことができる。

教師の働きかけ(■)と子どもの反応(○)	留意点(□)・評価(◎)
■問題文「みんなで9人ならんでいます。さとしさんはまえから4ばんめです。さとしさんのうしろになん人いるでしょうか。」が書かれたカードを配り，ノートに貼らせる。　Point❶	□ノートに貼らせる。
■問題文の続き　あ9＋4　い9－4　を板書する。	
■予想を挙手させ，課題を板書する。	
どちらのしきが正しいか，せつめいしよう。	
■ノートに自分の考えを書きましょう。	◎ノート
■机間指導で，子どもの考えを把握し，取り上げる考えと順番を構想する。	
■みんなで考えていきましょう。　Point❷	

(その1)	(その2)
9＋4	9－4　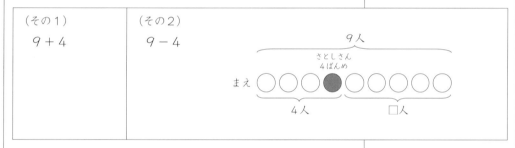

○（その1）は，「みんなで」と書いてあるから，たし算だと思ったのかな。
○（その2）は，「さとしさんをいれて前の4人」と考えたんだね。
○図をかくと，9－4になるのかがよくわかるね。さとしさんの後ろは，5人だね。

◎発言
□黄色のチョークで「4番目」や「4人」を板書し，順序数と集合数の違いを整理する。

■次のような練習問題に取り組ませ，ペアトークさせる。　Point❸
「7人ならんでいます。ゆうさんのうしろには3にんいます。ゆうさんはまえからなんばんめでしょうか。」
○「ゆうさんを入れて4人」ということは，ゆうさんは「前から4番目」だね。

□教科書を開く。

◎ノート・発言

実践事例17　1年　どんな　しきに　なるかな　61

実践事例

18

1 年

かたちづくり

〔1時間目〕

問題

(◹ ◹ 図のように，おりがみ2まいを半分に切っている
ところを見せる。)
◺ を　4まいつかって，ましかくを　つくることは
できるかな。

　本単元では，色板や数え棒を用いて図形を構成する活動を通して，平面図形の移動の基本操作
である「ずらす，回転する，裏返す」や，平面図形の辺，点について学びます。本時では，直角
二等辺三角形の色板を用いて様々な図形を構成します。

Point ❶　活動の中から意欲が生まれる展開を

　本時は単元の最初なので，直角二等辺三角形の色板を4枚使って「ましかく」
をつくるという取り組みやすい問題を設定しました。そして，活動の過程で「ま
しかく」以外の図形も構成できることから，「ほかの形もつくってみたい」と意
欲を高め，「ましかく」以外の図形も構成していきます。

Point ❷　ねらいとする考えに迫る意図的な板書を

　集団解決では，子どもが構成した図形をランダムに発表させますが，構成した
図形を発表順にそのまま板書するのではなく，三角形を1枚動かしてできる図形
を隣に位置づけます。板書が発表順ではないので，子どもは何か秘密があるので
はないかと考え始め，ねらいとする「1枚動かす」の考えに迫っていきます。

Point ❸　新たな課題へと発展する展開を

　終末では4枚の直角二等辺三角形だけでは構成できない図形を提示します。
4枚では構成できないので「もっと多くの色板を使いたい」と，それまでと違う
構成の仕方を引き出します。新たな課題をもたせ，次時に向けての意欲を高めた
いと考えます。

62　Ⅱ 実践編

本時の目標	直角二等辺三角形の色板を1枚動かして，様々な図形を構成することができる。

教師の働きかけ(■)と子どもの反応(○)	留意点(□)・評価(◎)
■自由に図形を構成させる。	□折り紙を2枚配付し，切らせる。
■問題文「△を4まいつかって，ましかくをつくることはできるかな。」を板書し，図を黒板に貼る。　Point❶ ○もともとは，真四角が2こだから長四角ならできるよ。 ○本当にできるのかな。	
■色板4枚で，真四角を構成させる。 ○三角形から真四角をつくることができるんだね。 ○真四角をつくろうと思ったら，いろいろな形ができたよ。	□真四角以外の図形ができた場合も認める。 ◎観察
ほかの　かたちを　つくってみよう。	
○たくさんの形ができたよ。 ○友達がつくった形もつくってみたいな。	□「同じ長さの辺をくっつける」という条件を確認する。
■似た形やおもしろい形はないかな。　Point❷ ○三角形やきつねみたいな形ができたよ。 ○色板を1枚動かすとできる形があるよ。	□板書では色板を1枚だけ動かしてできる図形をとなりに位置づける。
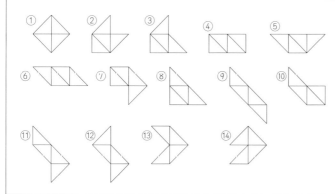	◎発言・観察 □できた図形のすべてを提示しなくてもよい。 □本時では「動かす」とし，次時から「ずらす」「回転する」「裏返す」を扱う。
■△で△はできるかな。　Point❸ ○5枚や6枚ならできるのかな。 ○色板の枚数を増やしてやってみたいな。 ○真四角を裏返すとできるかな。	□2人の色板をあわせて活動できるように，ペアで行う。

実践事例

19

2 年

表とグラフ
〔1時間目〕

問題

3ばん目に人気があったあそびは，なんでしょうか。

―――「あそびアンケート」の結果―――
ボール　てつぼう　てつぼう　ボール　一りん車　ボール　なわとび　ジャングルジム　ボール
ボール　なわとび　一りん車　なわとび　ボール　てつぼう　ジャングルジム　ジャングルジム
てつぼう　てつぼう　ジャングルジム　てつぼう　てつぼう　りん車　一りん車　ジャングルジム
なわとび　なわとび　ジャングルジム　ジャングルジム　ジャングルジム　なわとび　なわとび
なわとび　一りん車

（※順番をばらばらにしてカードを黒板に貼りながら提示する）

　子どもたちに表やグラフで整理するよさを感じさせるために，ばらばらにカードを提示することにしました。また，3番目を尋ねることで，遊びの種類を全部調べなければならないという必要感をもたせたいと考えました。

Point ❶　子どもの思いを課題に

　答えの予想に対して，「本当？」と問い返すことで，確かめたいという意欲を高めます。そこで，短い個人思考を行い，「ばらばらだからわかりにくい」と考えて整理し始める子どもたちの声を生かして，課題を設定します。

Point ❷　子どもの考えから表やグラフにつなげる

　短い個人思考で，表やグラフにつながる考えの子どもを見つけます。課題を確認したあと，ノートに種類と数字を書いている子，カードを並べ替えたいという子には，机間指導で表とグラフのプリントを必要に応じて配ります。

Point ❸　表とグラフを結びつけるために多くの子どもに発表させる

　みんなで解決する場面では，それぞれの数値を確認する意味も含めて，多くの子どもたちに発表させます。そのために，板書させる表やグラフを穴だらけにしておきます。ときどき教師が誤答を言うと，子どもたちは最後まで飽きずに数値に注目します。

本時の目標	身の回りの数量を分類整理して，簡単な表に表すことができる。

教師の働きかけ(■)と子どもの反応(○)	留意点(□)・評価(◎)

■カードを黒板に貼りながら提示する。

> ボール　てつぼう　てつぼう　ボール　一りん車　ボール　なわとび　ジャングルジム　ボール
> ボール　なわとび　一りん車　なわとび　ボール　てつぼう　ジャングルジム　ジャングルジム
> てつぼう　てつぼう　ジャングルジム　てつぼう　てつぼう　一りん車　一りん車　ジャングルジム
> なわとび　なわとび　ジャングルジム　ジャングルジム　ジャングルジム　なわとび　なわとび
> なわとび　一りん車

■問題文「３ばん目に人気があったあそびは，なんでしょうか。」を板書する。　　　　　　　　　　　　　　　　　　　　　　　　　　　□問題をノートに書かせる。

■答えを予想させる。

■子どもの予想に対して「本当？」と問い返し，「ちょっと確かめよう。」と言って，１分ほど調べさせる。机間指導で，「あそびと数字を書いている子」「カードを並べ替えたらいいと考えている子」を探す。　　　　　　　　　　Point❶　　　　　　　　　　　□短い個人思考を行い，表やグラフにつながりそうな考えを見つける。

> わかりやすくせいりしよう。

■机間指導で見つけた考えを紹介し，表のプリントとグラフのプリントを提示し，必要に応じて配る。　　　Point❷　　　　　　　　　□表かグラフのプリントを配付する。
◎ノート

■「みんなでたしかめましょう。」　　　Point❸　　　　　　　　　□数名に板書させる。

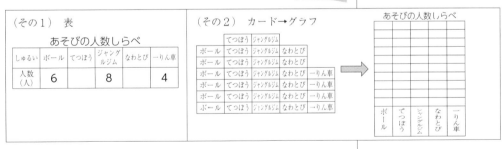

○表に入る数字を発表する。
○カードとグラフを結びつける。　　　　　　　　　　　　　　　　□カードの並べ替えもさせる。

■「表」，「グラフ」という用語を教え，全員が両方を完成させたら，答えを確認する。　　　　　　　　　　　　　　　　　　　　　◎表とグラフのプリント
◎発表

■表とグラフのよさをまとめる。

実践事例 20　　2年

時こくと時間　〔1時間目〕

問題　9時10分から，45分べんきょうしました。今の時計はどれでしょう。

ア　　　　　　　　イ　　　　　　　　ウ

　1年生では「いま　なんじ」と「なんじなんぷん」で時刻を求める学習を行っています。しかし，「時刻」と「時間」という言葉は未習です。そこで，何分後の時刻を求める活動を通して，時刻と時間の違いを理解できる問題を考えました。

Point ❶　子どもに予想させることで主体的に

　問題の答えを予想させたあと，理由を尋ねます。ただ，答えの見当がつかない子どももいると思われます。そこで，すべての子どもが予想することができるよう，選択のかたちで問題を提示しています。

Point ❷　子どもの気づきと教える内容をつなぐ

　アの誤答をイの正答と比較して取り上げることで，時刻と時間の違いを理解できるようにしています。また，9時10分とウの10時10分の違いを取り上げて，1時間が60分であることを確認します。

Point ❸　時計の動きと計算を関連づけて理解を確実に

　何分後や何分前の時刻はただ時刻を読むのとは異なり，もとの時刻を進めたり戻したりして求めます。「前」と「後」で，どのように時計を動かすか，どのように計算するのかが子どもたちにとって難しく感じるところです。時計の動きと計算を関連づけて，理解を確実にしたいものです。

本時の目標	時刻や時間を求めることができる。

教師の働きかけ(■)と子どもの反応(○)	留意点(□)・評価(◎)

■9時10分の図を貼り，問題文を板書する。

45分べんきょうすると…

 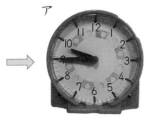  
　　　　　　　　　　　　ア　　　　　　イ　　　　　　ウ

■予想を尋ね，課題を板書する。　Point❶
　○45分だから，アが正しいね。
　○45分進めるのかな。

　　　どの時計が正しいのか　せつめいしよう。

■ノートに自分の考えを書いてみよう。

◎ノート

■机間指導で，子どもの考えを把握し，取り上げる考えと順番を構想する。

□考える視点を明確にし，根拠をもって説明するよう促す。

■みんなで考えていきましょう。　Point❷

□時計の操作，たし算の順に考えを取り上げる。

　　　時計で考えると　　　　　たし算で考えると

◎発言

　　　　　　　　　　　　　　　9時10分
　　　　　　　　　　　　　＋　　 45分
　　　　　　　　　　　　　　　9時55分
　　　　　　45分進んだ

■「9時45分」と「45分進める」の45分はどちらも同じかな。
　○「9時45分」はその時刻で，「45分進める」は時刻が進むということだね。

□2つの「45分」を比較させて，子どもの気づきと時刻，時間の用語を関連づける。

■9時45分の瞬間を「時こく」，時刻と時刻の間を「時間」といいます。
■9時10分とウは何が違うかな。
　○ウは短い針が1だけ動いているね。1時間たっているから長い針は1周しているね。
　○1周は分の目盛りが60こあるから，1時間は60分だね。
■何分後，何分前の時刻を求めさせる。　Point❸
　○「…分後」は時刻が進むから，数を増やすね。
　○「…分前」は時刻を戻すから，数を減らすよ。

□時計の動きと計算の方法を整理する。

◎発言・ノート

■教科書の練習問題に取り組ませる。

実践事例20　2年　時こくと時間　67

実践事例 21

2 年

たし算　〔1時間目〕

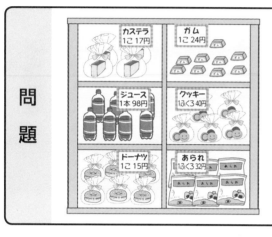

おかしを2つ買います。
あわせて39円になるのは，
なに と なに でしょうか。

　教科書では，単元の導入が，子どもたちの生活と関連させた買い物の場面となっています。本単元の学習内容が網羅できるように，繰り上がるものも含まれています。組み合わせを選ぶときには，正確な数ではなく，およその数で予想させることで，概数の見方の素地を養うことができる問題です。

Point ❶　ときには直感の予想ではなく，根拠のある予想を

　たまには，直感ではなく，根拠のある予想にも取り組みたいものです。日頃から，「予想は，はずれてもいい」ということを子どもたちに伝えていると，根拠のある予想をさせたときに，柔軟な発想でたくさんの考えが出てくることがあります。本時では，根拠のある予想をさせることで，まだ未習の「およその数」や「位ごとに着目する」考えが，子どもたちから出てくることを期待しています。

Point ❷　集団解決で友達の考えを共有する

　集団解決では，友達の考えを学級全体で共有するために，1人の子どもに途中まで板書させます。板書した子どもの考えを読み取りながら，板書していない子どもに説明させることで，友達の考えを理解する手だてとしました。

Point ❸　子どもが考えたことでまとめる

　集団解決で子どもから出された考えを生かして，まとめます。このことにより，子どもたちは学習したことに満足し，今後の意欲向上が期待できます。

本時の目標	2位数＋2位数で繰り上がりのないたし算の仕方を説明することができる。

教師の働きかけ（■）と子どもの反応（○）	留意点（□）・評価（◎）
■拡大した絵を黒板に提示する。買い物の場面であることを確認し，問題文を板書する。	□問題をノートに書かせる。
■3分ほど時間をとり，答えを予想させ，その理由を簡単に書かせる。　**Point❶**	
■机間指導で子どもの考えを把握し，取り上げる考えと順番を構想する。いくつかの考えを取り上げ，簡単に説明させる。	□取り上げる考えの中に，ガム（24円）とドーナツ（15円）を必ず含める。
■ガムとドーナツが正しそうだという予想をもとに，立式し，課題を設定する。	

24＋15のけいさんのしかたを　せつめいしよう。

■机間指導しながら，一の位と十の位に分けて考えている人がいることを伝え，困っている子の手だてとする。	□5分ほど時間をとり，途中で数名に考えの一部を板書させる。
■友達の考えがわかるかな？　**Point❷**	◎ノート

（その1）　図
24→⑩⑩　①①①①
15→　　⑩　①①①①①
　　　30　と　9　で39

（その2）　数のぶんかい
2 4　＋　1 5　＝　3 9
⑳④　　⑩⑤
⑳　と　⑩　で　㉚
④　と　⑤　で　⑨

■板書していない子ども数名に説明させる。	◎発表
■それぞれの考えの共通点を見つけ，子どもの発言を生かして，本時の学習をまとめる。　**Point❸** ○どちらも同じ位同士をたしている。 ○一の位同士，十の位同士をたす。	□子どもの発言箇所を色チョークで囲んだり，加筆したりしてまとめとする。
■練習問題に取り組ませ，計算の仕方をペアトークさせる。	◎ノート・説明

実践事例21　2年　たし算　**69**

実践事例

2 年

ひき算　〔1時間目〕

問題

おり紙で お楽しみ会の かざりを
作りました。おり紙がたくさん
のこっているのは どちらでしょうか。
（みきさん）
　27まいもっていて　5まいつかった。
（たくやさん）
　38まいもっていて　15まいつかった。

　教科書に掲載されている折り紙を使う挿絵を用いながら，2人のうちどちらの残り枚数が多いかを尋ねる決定問題にしました。枚数を比べる場面から，「どちらだろう」や「はっきりさせたい」といった学習意欲につなげることをねらっています。

Point ❶　「できる」「できない」を生かして課題を設定する

　みきさんの「27－5＝22」は既習事項であり，容易に計算することができますが，たくやさんの「38－15」のような「2位数－2位数」は初めて出合う計算です。そこで，「どうしてすぐにできないの？」や「みきさんの場合とどこが違うの？」などと問いかけることで，本時のねらいにせまる子どもの発言を引き出し，学習課題の設定につなげることができます。

Point ❷　集団解決が発表会にならないようにする

　集団解決では，あえて紹介するノートの持ち主とは別の子どもに説明させたり，図と式の考え方を比較して共通点を発表させたりするなど，説明された考え方を関連づけることを意識し，単なる発表会にならないように留意します。

Point ❸　練習問題で確実な定着を図る

　本時の主問題とは異なる数値の問題に，できるだけ数多く取り組みます。次時で筆算を学習することを踏まえ，位ごとに計算していることを説明し合うように促します。

本時の目標	繰り下がりのない「2位数－2位数」の計算の仕方を説明することができる。

教師の働きかけ(■)と子どもの反応(○)	留意点(□)・評価(◎)
■挿絵を見せ，問題場面を確かめる。	□教科書の挿絵の一部を提示する。
■問題文「たくさん のこっているのは どちらでしょうか。」を板書し，直感で予想させる。	
■ちょっと考えてみましょう。 　○ひき算になりそうだ。 　○みきさんはすぐわかる。27－5だよ。	
■考えを発表させ，「どうしてたくやさんの枚数は，すぐわからないの？」などのやりとりから，課題を設定する。 **Point❶**	□みきさんの式や答えを全体で確かめる。
十のくらいがあるひきざんをしよう	
■38－15の計算の仕方を考えよう。	□ノートに考え方をメモさせる。 ◎ノート・観察
■机間指導で，ブロックを用いた考え方と，位ごとに計算する考え方の子どもを見つけておく。	
■みんなで考えていきましょう。 ① 　　　　　　　　　② 　38 － 15 　　　　　　　　　　　　　　／＼　　／＼ 　　　　　　　　　　　　　30　8　10　5 　　　　　　　　　　　　　30－10＝20 　　　　　　　　　　　　　　8－ 5＝ 3 　　　　　　　　　　　　　20＋ 3＝23	□実物投影機などでノートを見せる。 □実際に書いた本人とは別の子どもに説明させる。 □位に注目した発言を色チョークで強調し，板書する。
■図と式で，同じところはあるかな？ **Point❷** 　○38の30は十の位だから，10のブロック3本のことだよ。 　○8－5は，ばらの8から5とっているところだね。 　○どちらも位ごとに，ひいているよ。	
■導き出した計算の仕方と教科書を比較し，計算の仕方をまとめる。	
■練習問題として繰り下がりのない「2位数－2位数」の計算をし，ペアトークさせる。 **Point❸**	◎ノート・発言

実践事例

23

2 年

長さ (1)　　　　〔1時間目〕

問題

先生とじゃんけんを5かいします。
勝ったら■のテープがもらえます。あいこなら□のテープがもらえます。
負けたらテープはもらえません。
　いずみさんとまみこさんの結果は次のとおりです。もらったテープをつなぐと，どちらのテープが長くなりますか。

	1回目	2回目	3回目	4回目	5回目
いずみ	まけ	かち	まけ	かち	かち
まみこ	あいこ	かち	まけ	あいこ	あいこ

　1年生では，長さの直接比較，間接比較，任意単位による測定について学習してきました。この単元では，長さの普遍単位（cm，mm）を学習し，意味の理解を図るとともに測定の仕方を学びます。

Point ❶　誤った概念から正しい概念へ

　問題を提示すると，もらっているテープの枚数は，いずみさんの3枚に対して，まみこさんは4枚だとわかります。「もらっている枚数の多い方が，テープ全体の長さが長い」という誤った考えをもつ子どももいると考えられます。どちらが長いのか予想が分かれるので，確かめていく必要性が生じます。

Point ❷　任意単位の問題点から普遍単位の必要感をもたせる

　□（1cmのテープ）を任意単位とすると，どちらのテープの長さも任意単位のいくつ分で表すことができます。一方，■（2cmのテープ）を任意単位とすると，いずみさんの長さは任意単位のいくつ分で表すことができますが，まみこさんの長さは表すことができません。このような活動から，任意単位を大きく設定すると測定できない場合があると気づかせます。最後に右にある簡易ものさし（例：教育出版2上p.129）を使用し，普遍単位で長さを比べられることを実感させます。

72　Ⅱ 実践編

本時の目標	任意単位では長さを測定できない場合があることに気づき，普遍単位のよさを説明できる。

教師の働きかけ（■）と子どもの反応（○）	留意点（□）・評価（◎）
■問題文「先生とじゃんけんを5かいします。いずみさんとまみこさん，どちらのテープが長いですか。」を板書する。 ■予想を尋ね，理由を述べさせる。 **Point ❶** 　○まみこさんのテープが長いよ。 　　⇒テープをもらった枚数が多いよ。 　○いずみさんのテープが長いよ。 　　⇒いずみさんの方が，長いテープを多くもらっているよ。 ■課題を板書する。 　　　　　長さのちがいをしらべよう。 ■個人で考えさせる。 　○▨のテープだと，まみこさんの長さを表すことができないね。 　いずみさん　▨▨▨　　　　まみこさん　▨□□ 　　　　　　　　　　　　　　　　　　　　1　2　2?3? 　○□のテープのいくつ分で比べると，いずみさんは6個分，まみこさんは5個分だから，いずみさんが長いね。 　いずみさん　▨▨▨▨▨▨　　　まみこさん　▨▨□□□ 　　　　　　　1 2 3 4 5 6　　　　　　　　1 2 3 4 5 　○いずみさんの方がもらった数は少ないけれど，長いんだね。 ■みんなで考えよう。 **Point ❷** 　○テープの長さのいくつ分で長さを表すと，ちょうどにならないから比べられない場合があるね。 　○どうしたらいつも長さ比べができるかな。 ■教科書にある簡易ものさしで長さ比べを行い，簡易ものさしを用いるよさについてノートにメモさせる。 　○紙のものさしなら，もとにする大きさが全員同じだから，長さを比べることができるね。	□直感で予想させる。 □直接比較，間接比較を行った子どもに「どれだけ」長いかを考えさせ，はしたのない□で比べるよさに気づかせる。 ◎観察 □任意単位による測定では，長さを表せない場合があることに気づかせる。 ◎発言 □普遍単位のよさを記述させる。 ◎ノート

簡易ものさし

実践事例 24

2 年
100より大きいかず 〔1時間目〕

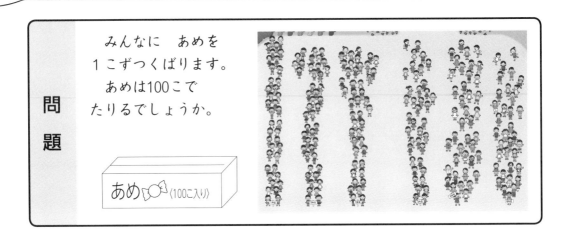

問題
みんなに あめを
1こずつ くばります。
あめは100こで
たりるでしょうか。

教科書での単元の導入は，「全体で何人いるでしょう」という問題になっています。全体の数を求める活動は同じですが，100個の飴が配れるかどうかを問うことで，全体の数を数える目的意識をもたせることをねらっています。

Point ❶ 予想を生かして，課題を設定する

答えを予想させると，「たりる」「たりない」に分かれます。「どうすれば，はっきりとわかるかな」と投げかければ，「人数が知りたい」や「数えればいい」などの発言が出されます。こうしたやり取りから，「10のまとまりを…」といった本時のねらいに沿った考えが導かれ，子どもの言葉で課題を設定することができます。

Point ❷ 複数の考えを関連づけながら，100のまとまりを意識させる

子どもにとって，10のまとまりが10個以上になる場面は初めての経験です。そのため，100を意識せずに，10が24個と考える子どももいることも予想されます。そこで，100のまとまりを作った考え方と比較し，「10のまとまり24個から，本当に100が2個もできるの？」などと問いかけ，24を10＋10＋4のように分割して考える見方を引き出します。また，数だけの処理にならないように，話し合っている内容が，図のどこを示しているかをそのつど確かめ，量感を伴いながら学習を進めます。

すぐに「200あるよ」と発言する子どもも想定できます。考えを認めつつも，その根拠を全体で確かめるように促し，目標の達成を目指します。

本時の目標	3位数までの数について書いたり，読んだりすることができる。

教師の働きかけ(■)と子どもの反応(○)	留意点(□)・評価(◎)
■図を掲示し，全員に飴を1個ずつ配ることを伝える。100個入りの飴の絵を見せ，問題文「あめは100こでたりるでしょうか。」を板書する。問題をノートに書くように促す。	
■直感で予想させる。	□1から順に数えて見せて，その煩雑さから「10のまとまり」の考えを引き出す。
■「どうすれば，はっきりするかな？」と問いかける。「数える」「10のまとまり」など声を引き出し，「それでは」と課題を板書する。 Point ❶	

10のまとまりをつくって，数を数えよう。

■図を配付し，数を数えさせる。わかったことをノートにメモさせる。	□提示した図と同様の図を配付する。
■みんなで考えていきましょう。 Point ❷	◎ノート・発言

①図だけの考え方	②10のまとまりの考え方	③100と10のまとまりの考え方
10ずつのまとまりで囲んだ図	10のまとまりが24こ，ばらが5こ	100のまとまりが2こ，10のまとまりが4こ，ばらが5こ

○10のまとまりが24個できたよ。 ○10のまとまりが10個で100だったよ。 ○10が24個だから100のまとまりが2個できる。	□実物投影機で子どものノートを映し，教師が板書する。
■100を2つ集めた数が200であることを伝え，教科書で書き方や読み方を確かめる。	

100が2こ	10が4こ	1が5こ
百の位	十の位	一の位
2	4	5

⤷ 245（二百四十五）

	□百の位にかかわる部分を色チョークで強調し，まとめる。
■教科書の練習問題に取り組ませ，ペアトークさせる。	◎ノート・発言

実践事例

25

2　年

たし算とひき算　〔1時間目〕

問題	$\begin{array}{r} 72 \\ +63 \\ \hline 5\cdots 2+3 \\ 13\cdots 7+6 \\ \hline 18 \end{array}$	こうへいくんは，72＋63の計算を，左のように考えました。正しいでしょうか。

　教科書では，72＋63について，「計算の仕方を考えましょう」と促し，位ごとの計算式を示しています。そのような提示を生かし，十の位の計算「7＋6」の答えを一の位と十の位に書いてしまう誤りを見せるよう工夫しました。数字のみに着目するのではなく，「どの位にどの数を入れればよいのか」に焦点を当てた問題となっています。

Point ❶　位ごとの計算の意味を説明する必要感をもたせる

　本時の筆算は，「2＋3＝5」「7＋6＝13」の答えを並べて書けば，簡単に答えが出せますが，位ごとの計算の意味について考え，十進位取り記数法の意味やよさを実感することができるようにしたいものです。本時では，7＋6＝13の答えを誤った位置に書くことで課題を焦点化し，なぜ百の位と十の位に13と書くのか考える必要感をもたせるようにしています。

Point ❷　筆算の意味を，図と結びつけて説明する場面をつくる

　教科書のまとめには，「十の位で100のまとまりができたら百の位に繰り上げればよい」と記載されています。以後の学習においても，様々な場面で用いられる十進位取り記数法の考え方は，図と結びつけて理解させていきたいものです。本時では，「70＋60は，図の中にあるの？」「十円玉が13個だから，十の位に13と書くんだね」などと問うことで，「十円玉が10個で百の位に1繰り上がる」という考えを引き出し，子どもが実際に10のかたまりを100に変えて説明できるように進めていきます。

76　Ⅱ 実践編

本時の目標	2位数同士で百の位に繰り上がるたし算の仕方を，図や式などをもとに説明できる。

教師の働きかけ（■）と子どもの反応（○）	留意点（□）・評価（◎）
■問題の場面について話し合う。　　　　　　　　**Point ❶** 　○「18」は，小さすぎる。 　○「2＋3」，「7＋6」を計算したのに，どうしてかな。	□「一の位の計算も十の位の計算も合っているよね」などと揺さぶる。

> こうへいくんの筆算は正しい？　間違い？　説明しよう。

■ノートに自分の考えを書いてみよう。	◎ノート
■机間指導で，子どもの考えを把握し，取り上げる考えと順序を構想する。 　○図をかいて考えてみると，7＋6は，十円玉どうしのたし算だから，本当は70＋60なんだね。	□お金のモデル図を用意しておく。
■みんなで考えていきましょう。　　　　　　　　**Point ❷** 　○2＋3＝5はいいけれど，7＋6の答えは5の左に書くので答えは135。 　○こうへいくんは，7＋6の答えを，十の位と一の位に書いてしまったのがよくなかったね。「130」と書けばよかったんだ。 　○答えはどうやら，135になるようだ。 　○本当に，「5」の左に「13」をそのまま書いてもいいのかな。 　○図を見ると，7＋6は，本当は70＋60で，答えが130になることがわかる。 　○十円玉が10個で百になるから，百の位に「1」繰り上がるんだね。 　○残った十円玉は3個だから，十の位に書こう。 　○百の位の「1」は，百が1個分，十の位の「3」は，十が3個分という意味になる。	□「7＋6」の式の意味を問う。 □「70＋60は，図の中にないよね？」などと問い，図と筆算を結びつける。 ◎発言
■ほかの筆算の仕方も説明できるかな？ 　○92＋35の筆算は，十の位の計算が9＋3＝12（90＋30＝120）になるので，百の位に1繰り上がり，答えは127になる。 ■教科書の練習問題をやってみましょう。	□ペアトークなどを用いて，多くの子どもが筆算の意味と手順について説明できるようにする。 □教科書を開く。 ◎ノート

実践事例 26

2 年

水のりょう　〔1時間目〕

問題

本単元では，1年生で学習した任意単位による測定の場面から導入し，任意単位では不十分な場面があることから普遍単位の必要性に気づくことが重要であると考えました。

Point ❶　「量と測定」領域の基本となる考え方を確認する

教科書では，電話で話す2人の水筒が，どちらも「コップ5杯分入る」と示されています。本実践は，2人のコップの大きさが異なることを初めの段階では隠して提示し，「もとにする大きさを揃えると比較ができること」を強く印象づけるねらいがあります。

Point ❷　解決を図るために既習や類似に着目させる

集団解決では，「同じコップを使えばよい」という考えを初めに取り上げます。その後，その考え方だけでは不十分である場面に着目させることで，既習の「長さの単位」や「コップ」「目盛り」などから着想を得て問題を解決しようとする子どもの姿を引き出したいものです。また，「単位」をただ単に，「量を表すときに数字の横につける記号」と捉えるのではなく，「もとにする大きさ」であるということも押さえたい重要な点です。

本時の目標	かさの比較や測定について，長さの場合をもとにして考え，普遍単位の必要性に気づくことができる。

教師の働きかけ(■)と子どもの反応(○)	留意点(□)・評価(◎)
■図を掲示する。子どもにはカードを配り，ノートに貼らせる。	□教科書は開かない。
■「きっと同じ水の量が入る水筒だね」と問いかけ，予想を挙手させる。　**Point❶** ○同じ量だと思うよ。 ○そうとも限らないよ。どんなコップを使っているのかわからないから。	
■2人が用いていたコップの図を提示する。 「どちらもコップ5杯分だけれど同じ量かな」と問い，課題を板書する。	□ノートに上から重ねて貼らせる。
2つの水とうに入る水のりょうをくらべるには，どうしたらよかったのかな？	
■ノートに自分の考えを書きましょう。	◎ノート
■机間指導で，子どもの考えを把握し，取り上げる考えと順番を構想する。	
■みんなで考えていきましょう。　**Point❷** ○2人とも同じコップを使えばよかったと思うよ。 ○でも，同じコップかどうか，電話ではわからないよ。同じコップを持っているとも限らないよ。 ○料理のときに使うカップには，目盛りがついていたよ。ものさしと似ているよ。 ○長さのcmと同じような単位があるのかな。 ○そうすると「もとにする大きさ」が揃って比べられるね。	◎発言 □計量カップ，ものさし，リットルますを用意しておき，必要に応じて提示する。
■教科書で用語「かさ」とかさの単位「リットル」とその書き方を確認する。	□教科書を開く。 □色チョークで線やキーワードを加えてまとめにつなげる。
■かさは「数と単位『L』を使って表す」ことをまとめ，教科書の練習問題に取り組ませる。	

実践事例 26　2 年　水のりょう　**79**

実践事例 27

2 年
三角形と四角形　〔1時間目〕

問題　　2つのなかまに分けましょう。

動物の周りの点を囲み，できあがった形を仲間分けしたり，分け方を説明したりすることで，子どもたちが，自然と図形を構成する要素に注目することが期待できます。

Point ❶　列やグループで，あえて異なる図を提示する

上の図と次ページ右下の図では，イヌの周りの点の数が異なります。自信を持って発表しても，異なる結果が出されることがあります。このずれから，「だってイヌは…」と，発言の意欲が高まったり，点や辺の数で形が変わることに注目したりすることができます。

Point ❷　机間指導で，確実に考えを把握する

仲間分けの学習では，子どもたちから必要以上に考え方が出され，収集がつかなくなる心配があります。机間指導で子どもたちの考えを見取り，指名計画を立てます。

【本時で確実に見取りたい（見つけたい）考え】
　○形の名前に注目している子ども
　○線や点の数に注目している子ども

Point ❸　共通点から，本時のまとめへ

「アヒル・リス」「ウサギ・ネコ」を仲間にする人は多いと思われます。たとえ「イヌ」の周りの点の取り方が異なることに早い時点で気づいたとしても，「共通しているところからやろう」とすすめられます。また，グループ分け後も共通点を探すことで，本時のまとめにつなげます。

本時の目標	点を結んで作図したり，観察したりする活動を通して，三角形や四角形の意味に気づく。

教師の働きかけ(■)と子どもの反応(○)	留意点(□)・評価(◎)
■図の一部を黒板に提示，子どもにはカードを配り，ノートに貼らせる。提示した図で例を示し，「点と点を結びましょう」と，数分時間をとる。　Point ❶	□類似しているが，一部が異なるカードを，列によって配付する。
■問題文を板書し，ノートに書かせる。分けた結果と理由を書くことを伝え，5分時間を取る。　Point ❷	□机間指導で，考え方を見取る。
■仲間分けの結果を発表し合う。	
■結果が違うことをやりとりし，課題を板書する。	
どのようにわけたのか，せつめいしよう。	
■結果が同じだった「アヒル・リス」と「ウサギ・ネコ」について，分けた理由を発表し合う。 ○(形が)「さんかく」と「しかく」 　(線の数が)「3本」と「4本」 　(点の数が)「3こ」と「4こ」	□少数意見を確かめたあと，多かった考えのみ扱う。 ◎発言
■「イヌ」について，周りの人と相談する。	
■2種類の図があることに気づいたあと，両方の図を提示し，それぞれの「イヌ」がどちらの仲間に入るか確かめる。	
■「それぞれの仲間の中で，似ていることは？」　Point ❸	□「さん・3」や「し・4」を色チョークで強調し，まとめにつなげる。
■教科書で「三角形」「四角形」「辺」「ちょう点」についてまとめる。	
■教科書の練習問題に取り組ませ，考え方をペアトークさせる。	◎ノート・説明

(前ページ上の図)
イヌを囲むと三角形になる。

(右の図)
イヌを囲むと四角形になる。

実践事例27　2年　三角形と四角形

実践事例 28

2 年

かけ算 〔2時間目〕

問題

ケースに入っている「だんご」で、くしだんごをつくりましょう。

教科書では、「かけ算」の2時間目で、「かけ算の式に表しましょう」という問題が示されていますが、同じ数のまとまりが初めから見えてしまいます。そこで、ここでは、バラバラの「だんご」を串に刺して「串だんご」を作る活動を取り入れ、かけ算が用いられる場面とそうでない場面、「1つ分」×「いくつ分」というかけ算の意味を理解していけるようにしています。

Point ❶ 子どもの主体的な算数的活動を

本時では、一見バラバラに見えるような「だんご」を、自由に串に刺していく活動を設定することから、「何本できるかな？」「こんなふうに刺してみよう」などと、すべての子どもが楽しみながら、主体的に取り組む姿が期待されます。

Point ❷ 本当に、みんな同じ数になっているのかを問う

子どもが作った串だんごは、同じ数ずつ刺しているものもあれば、バラバラなものもあり、本数も様々です。その段階で、「本当にみんな同じ数なのかな？」「数が違うんじゃないの？」などと問い返すことで、「計算して確かめよう」という課題を引き出します。

Point ❸ 式の意味を、図や操作と結びつけて説明させる

同じ数ずつ串に刺した場合のだんごの数は、かけ算で求められることが確認されたら、式を意味づけする活動を位置づけていきます。その際、「2×6の『2』は、この部分だ」などと、子どもが黒板の前で示しながら説明するなど、式の意味を図や操作と結びつけることで、「1つ分」×「いくつ分」というかけ算の意味について確かな理解を図ることが期待できます。

本時の目標	同じ数のまとまりに着目して，そのいくつ分かで表すことができる。

教師の働きかけ(■)と子どもの反応(○)	留意点(□)・評価(◎)
■「だんご」の図を提示する。	□教科書は開かない。 →約数の多い「12個」のだんごを提示する。
■何本の串だんごが作れそうかを予想させる。 　○6本　○4本　○3本	
■どんな串だんごか，ノートに考えを書こう。 	□数名の子どもに，自分の考えの図を板書させる。
■それぞれノートに書いた「だんごの数」がバラバラであることから，本当にすべて同じ数なのかと問う。	
くしだんごはどれも同じ数？　計算してたしかめよう！	
■ノートに自分の考えを書きましょう。	◎ノート
■机間指導で，子どもの考えを把握し，取り上げる考えとそれらの順番を構想する	□黒板で子どもが操作できるよう，だんごと串の模型を用意する。
■みんなで考えていきましょう。 　○2＋2＋2＋2＋2＋2＝12 　○2×6＝12　　○3×4＝12 　○4×3＝12　　○6×2＝12 　○5＋2＋3＋2＝12 ○確かに全部同じ数になっている。 ○かけ算が使えるものと使えないものがあるよ。 ○「2×6」の「2」は，串だんご「1つ分」だ。 ○「2×6」の「6」は，串だんごが「いくつ分」を表しているんだね。 ○かけ算の式は，「1つ分」×「いくつ分」という仕組みになっているんだね。	□かけ算を用いることができる場面を，図や操作と結びつけながら確認する。 □「2×6」の「2」と「6」の意味を問い，子どもが黒板の図で説明できるようにする。 ◎ノート・発言 □色チョークで線やキーワードを加えてまとめにする。
■教科書を開かせ，かかれている様々な絵の「1つ分」「いくつ分」を確認し，立式させ，ペアトークで説明し合わせる。	□教科書を開く。

実践事例 29

2 年

かけ算九九づくり 〔1時間目〕

問題

6はこあります。チーズは　ぜんぶで　なんこになるでしょうか。

　2の段〜5の段までの学習をしたあとの単元です。教科書では，「6の段の九九をつくりましょう」という問いかけで学習をスタートしています。本時では，前時までの九九づくりを生かし，子どもたちが，「だったら，6の段もできそうだ」と予想してから学習に取り組めるよう問題を工夫しました。

Point ❶ 問題の解答から自然な流れで九九づくりを行う

　集団解決では，「6こずつ」が意識できるように，図を丸で囲んだり，図と数を矢印でつないだりしながら，子どもたちに説明させます。本時の答えを求める式「6×6」のかけられる数とかける数の意味にも注目させ，同じ6でも意味が違うことを確認します。集団解決で答えを確認したら，6の段の九九づくりを行います。黒板にアレイ図，同数累加，乗数と積の関係に注目した考えがあるので，それぞれを使って，子どもたちに6の段の九九をつくらせます。九九を確認しながら，「本当？」と問い返し，たくさんの子どもに答えさせることで，6の段の九九の特徴に気づかせたり，6の段の答えを印象づけたりします。

Point ❷ 友達とのかかわりの中で定着を図る

　九九の暗唱は次時でも行いますが，家庭での取り組みも期待して，本時の最後に友達同士でどこまで言えるようになるか挑戦させます。途中まで言えるようにすることで，九九を覚えようとする意欲を喚起します。

本時の目標	6の段の九九を構成することができる。

教師の働きかけ（■）と子どもの反応（○）	留意点（□）・評価（◎）
■チーズの絵を1箱ずつ提示し，「式が見えるかな」と問いかける。	
■問題文を板書し，ノートに書かせる。	□問題をノートに書かせる。
■答えを予想させ，どんな計算で求められそうか尋ね，子どもとのやりとりを生かして，課題を設定する。	□「6こずつ」を押さえ，かけ算になることを想起させる。

6のだんの九九をつくろう。

教師の働きかけ（■）と子どもの反応（○）	留意点（□）・評価（◎）
■個人思考させ，集団解決で取り上げる考えを探す。	
■集団解決で，①アレイ図，②同数累加，③乗数と積の関係に注目した考えを取り上げる。　Point❶	◎ノート・発言

①アレイ図	②同数累加	③乗数と積の関係
○ ○ ○ ○ ○ ○	6	$6 \times 1 = 6$
○ ○ ○ ○ ○ ○	$6 + 6 = 12$	$6 \times 2 = 6 + 6 = 12$
○ ○ ○ ○ ○ ○	$6 + 6 + 6 = 18$	$6 \times 3 = 12 + 6 = 18$
○ ○ ○ ○ ○ ○	$6 + 6 + 6 + 6 = 24$	$6 \times 4 = 18 + 6 = 24$
○ ○ ○ ○ ○ ○	$6 + 6 + 6 + 6 + 6 = 30$	$6 \times 5 = 24 + 6 = 30$
○ ○ ○ ○ ○ ○	$6 + 6 + 6 + 6 + 6 + 6 = 36$	$6 \times 6 = 30 + 6 = 36$

教師の働きかけ（■）と子どもの反応（○）	留意点（□）・評価（◎）
■答えが36個になることを確認する。	□図と数を結びつけることで，かけ算の意味を確認させる。
■「6の段もできそう？」と尋ね，九九づくりを行う。	
■教科書の九九づくりの図を使って，6の段の九九の答えを確認する。	◎ノート・発言
■6の段の九九の特徴を考えさせる。　○かける数が1増えると，答えが6ずつ増える。	□板書を使って説明させる。
■ペアになり，6の段の九九を言い合い，定着を図る。　Point❷	

実践事例29　2年　かけ算九九づくり　**85**

2 年

長さ (2)　　〔1 時間目〕

| 問題 | まちがっている長さは　あるでしょうか。
　ア　ノートのあつさ　　　　　5cm
　イ　ふでいれのたての長さ　20cm
　ウ　プールのたての長さ　　25cm |

　この単元で初めて「m」を学習しますが，かけっこの距離など，日常生活で「m」に触れる機会は少なくありません。そこで，正解が「m」になる誤答を問題に使いました。直感的な量感を生かして，新たな長さの単位「m」の必要感や役割を理解させることをねらっています。

 Point ❶　意図的な順で考えを取り上げ，課題につなげる

　多くの子どもが，アとウが誤りであると気づくと予想されますが，誤りを見つけることが本当の目的ではありません。ウを最後に扱うことで，子どもとのやり取りから「メートル」を引き出すことができ，「それでは」と課題につなげられます。また，ア，イで「mm，cm」を扱うので，「m」も長さの単位であることを意識させることができます。

Point ❷　具体的な活動から100cmの量感をつかませる

　子どもは「メートル」という言葉は知っていても，量感をもっているとはかぎりません。単元の導入であることも考え，30cmものさしと，実際の1mの長さを直接比較させることで1mの量感をつかませます。また，「何本分」と問えば，「1mとあとどれだけ」という考えが出されることが期待でき，1m＝100cmにつなげやすくなります。

Point ❸　問い返しから，子ども同士の説明につなげる

　教師から「メートルは使えないね」と投げかけると，「できる」「だって100cmと残り…」といった考え方が，子どもから出されます。さらに，「本当？」「どうして？」などと問い返すと，子ども同士で繰り返し説明し合う活動につなげることができます。

本時の目標	長さの単位「m」を知り，mとcmを使って長さを表すことができる。

教師の働きかけ（■）と子どもの反応（○）	留意点（□）・評価（◎）
■問題文を板書し，問題をノートに書くように促す。 ■直感で予想させる。 ■どこが間違いなのかな。　**Point ❶** 　○アのノートが5cmは厚すぎる。5mmの間違い。 　○ウのプールと筆入れの差が5cmはおかしい。 　○プールのとき，「25メートル」と言っていたよ。 ■子どもとのやり取りから，「メートル」を引き出し，課題へとつなげる。	□教科書は開かない。 □ウにかかわる考えを最後に取り上げ，課題につなげる。
「メートル」についてくわしく調べよう。	
■1mの紙テープは，「30cmものさしの何本分の長さかな」と問いかけ，グループで調べさせる。　**Point ❷** ■わかったことを発表しよう。 　○30cmものさしの3本より長いよ。 　○30cmものさしの4本よりは短いな。 　○30cmものさしの3本分と，あと10cmぐらい。 ■1mは何cmと言えそうかな。 　○ものさし3本は，30＋30＋30＝90cmになる。 　○ものさし4本は，30＋30＋30＋30＝120cm 　○3本分とあと10cmだったから90＋10＝100cm ■教科書から，長さの単位「m」をまとめ，正しい読み方や書き表し方を確認する。 ■「ものさし4本分の長さは，100cmぴったりではないから，メートルを使って表せないね」と投げかける。　**Point ❸** 　○100cmより長いから，使えそう。 　○100cmと20cmだから，1m20cmになる。 ■「1m15cmは何cm？」や「130cmは何m何cm？」といった練習問題に取り組み，定着を図る。	□長さ1mの紙テープと30cmものさしを配付する。 ◎ノート・観察 □100cmにかかわる発言を色チョークで強調し，まとめにつなげる。 □教科書を開かせる。 ◎ノート・発言 □ペアトークさせ確認し合う。 ◎ノート，発言

実践事例30　2年　長さ⑵　**87**

実践事例 31

2 年

九九の表　〔1時間目〕

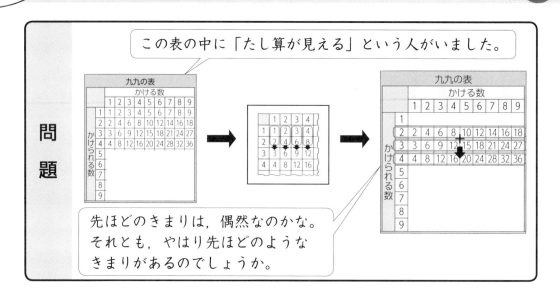

「九九の表を見て，気がついたことを発表しましょう」という趣旨の問題提示から始めると，子どもの自由な視点から様々な発言が出てくることが期待できる反面，時間内に本時のねらいに迫る展開が非常に難しくなってしまいます。

Point ❶　つまずきを捉え，意図的に問題に取り入れる

そこで本問題では，子どもが気づきにくいかけ算の性質であるとともに，子どものつまずきを意図的に取り入れた問題提示から始めることとしました。九九表の中から，「ここ（1の段）とここ（2の段）を足すと，ここ（3の段）になっているよ」と見つけられる子どもが少なからずいることと思います。しかし，隣り合った段にしか着目できなかったりするなど，九九表全体の中で一般化して見ることはなかなか難しいものです。

Point ❷　見つけた性質を結びつけたり広げたりする

また，「乗数が1増えると積が被乗数の分だけ増える」という性質は，比較的多くの子が気づくことができますが，これまでの九九づくりと結びつけたり，すべての段で成り立つ性質だという見方にまで広げたりすることが大切になってきます。

88　Ⅱ 実践編

本時の目標	九九表を観察して，乗法についての性質を見いだすとともに，どの段の九九も，乗数が1増えると積が被乗数の分だけ増えることに気づく。

教師の働きかけ(■)と子どもの反応(○)	留意点(□)・評価(◎)
■九九表（1〜3の段）を黒板に掲示する。	□ノートに貼らせる。
■この表の中に「たし算が見える」という人がいました。見つけられますか。 **Point❶** 　○上の段と真ん中の段を足すと下の段になっているね。 ■ほかの場所も見てみましょう。 ■2〜4の段を掲示する。 ■先ほどのきまりは偶然だったのでしょうか。 　○きっと何かきまりがあるはずだよ。 ■課題を板書し，九九表を配る。	

九九表の中からきまりを見つけよう。

■ノートに自分の考えを書きましょう。	◎ノート
■机間指導で，子どもの考えを把握し，取り上げる考えと順番を構想する。	
■みんなで考えていきましょう。 **Point❷** 　○2の段と3の段をたしても4の段にはならないけれど，5の段になったよ。 　○ほかにも，<u>2の段＋5の段＝7の段</u>など，九九表の中にきまりを見つけることができたね。	◎発言 □色チョークで線やキーワードを加えてまとめにつなげる。
■九九表の中から，ほかのきまりも見つけてみましょう。 　○<u>ななめに向かい合っているところに同じ答えがあるよ。</u> 　○どの段のかけ算も，<u>段の数字の分だけ答えが大きくなっているね。</u>	
■教科書で，乗法について成り立つ性質を確認する。 　○かけ算では，かける数が1増えると，答えはかけられる数だけ増えるんだね。	□教科書を開き，かける数，かけられる数という用語を用いて確認していく。

実践事例31　2年　九九の表　**89**

実践事例 32

2 年

はこの形 〔1時間目〕

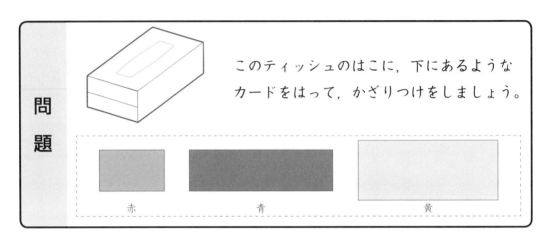

教科書では，箱の平らなところを写し取らせることで，箱を構成する面の数や形に気づかせていく展開を想定しています。本時の問題では，「直方体の面に同じ形があること」「同じ形を作るためには面を写し取ればよいこと」などを，子どもが自ら見いだしていけるよう工夫しました。

Point ❶ 全員が取り組める問題提示で主体性を引き出す

「ティッシュ箱に飾りつけをするためにカードを貼りつける」という全員が取り組める問題を提示することで，「カードの枚数が足りない」「どんな形を用意したらいいかな」などと主体的に活動していく子どもの姿を引き出していけると考えました。

Point ❷ 具体物をもとにしたペアトークで自分の考えを明確に

面と面の位置関係を言葉で説明することは子どもにとって難しいものです。そこで，具体物を手元に置きながらペアトークをさせることで，どの面同士が同じ形なのか，どの面と同じ形を何枚作ればよいのかを説明し合うようにしたいと考えました。自他の考えの「違い」「ずれ」を修正し合いながら自分の考えを明確にしていくことで，その後の集団解決につなげていきます。

Point ❸ 共通点，相違点を明らかにしてまとめにつなげる

ティッシュ箱とサイコロの形の共通点，相違点を問うことで，面の形の違い，同じ形の面の数の違い，面の数の共通性などに着目し，ねらいに迫るまとめにつなげていくことができます。

本時の目標	面に着目して，箱の形の特徴を説明することができる。

教師の働きかけ（■）と子どもの反応（○）	留意点（□）・評価（◎）
■問題を把握し，カードを貼りつける活動をする。　**Point ❶** 　○あれ？　カードの枚数が足りないな…。どうしたらいいだろう？	□カードの枚数が足りない 　ことに着目している子ど 　もに対して，全部で何枚 　必要かを考えさせる。
<div style="text-align:center;">あと3まいはどんなカードをよういしたらいいかな。</div>	
■ペアトークで伝え合おう。　**Point ❷** 　○ぼくは上に黄色いカードを貼ったんだけれど，ティッシュ箱の下 　　も，きっと同じカードじゃないかな？ 　○わたしは横に赤いカードを貼ったけれど，その反対側も同じカー 　　ドになると思うな。	◎観察
■みんなで考えていきましょう。 　○四角形の周りの長さを測れば，同じものを作ることができるかも 　　しれない。 　○同じ形のカードをあと1枚ずつ作ればいいんだから，形を写し取 　　ればいい。	◎発言 □3枚のカードと全く同じ 　ものを正確に作るにはど 　うしたらよいかを問い， 　「写し取る」という考え 　を引き出す。
■3種類のカードを写し取って，同じ形のカードを作ってみよう。 　○全部で6枚のカードが必要だったね。 　○箱の形の平らなところを「面」っていうんだね。面は全部で6つ 　　あるんだ。 　○同じ形のカードが3組あったね。これは同じ形の面が3組あると 　　いうことだ。	□どんな材料を用意してお 　けばよかったかを問うこ 　とで，面の数と同じ形の 　四角形の数について考え 　させる。
■サイコロキャラメルの形も，さっきと同じだろうか。　**Point ❸** 　○この形は，正方形の面が全部で6つあるよ。 　○ティッシュ箱は「長方形」，サイコロキャラメルは「正方形」の 　　面でできているんだね。	□ティッシュ箱とサイコロ 　キャラメルの箱を比較し， 　形の違いと，面の数の共 　通性についてまとめる。
■ほかの形はどちらの仲間かな？ 　○ラップの箱は，ティッシュ箱の仲間だ。 　○ボールの箱は，サイコロの仲間だね。	◎発言，ノート

実践事例32　2年　はこの形　**91**

実践事例 33

2年 1000より大きい数 〔1時間目〕

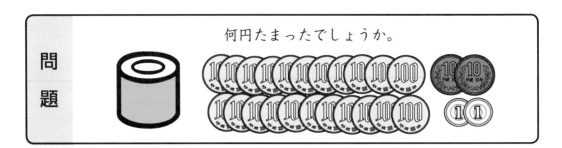

「10のまとまりをつくる」という位取りの考えを自然に引き出したいと考え，お金を用いて「両替」する場面を仕組みました。また，「2222」と各位の数を同じにすることで，それぞれの「2」の意味を説明する必要感につなげようとしています。

Point ❶ 適度にとぼけ，主体的に考えるように仕向ける

本時の学習内容は，子どもが生活経験で，既に「当たり前」かのように捉えていることです。そこで，子どもたちのつまずきがちな誤答である「二十二百二十二」や「220022」を，教師が適度にとぼけるかたちで提示することで，「だって…」と子どもが主体的に考えるように仕向けたいと考えました。さらに，本時の「千の位」までを扱う対話的な学びを振り返り，既習事項と統合・発展させることで，確かな理解を図りたいとも考えています。

Point ❷ 課題は子どもにとって自然な表現にして教師の意図を実現する

子どもたちとのやりとりから，「全部2だけれど，それぞれの2に違いはあるの？」と問い返し，課題にしています。「何円貯まったかを説明しましょう」と直接的に表現するより自然ではないでしょうか。どちらも，教師が意図するねらいは同じといえます。

Point ❸ 子どもの発言のキーワードをまとめにつなげる

集団解決では，本時の目標達成に関連する子どもの発言を逃さず，強引にでも食らいつく必要があります。そして，意図的に確認・強調して板書すれば，子どもは自分たちで見つけたと感じるはずです。

本時の目標	1万未満の数の読み方や表し方，4位数の位取りの仕組みに気づく。

教師の働きかけ(■)と子どもの反応(○)	留意点(□)・評価(◎)
■貯金箱の中身という設定で「お金の図」を黒板に提示し，問題文を板書する。 ■1分ほど時間をとり，個人で取り組ませる。 ■「2222」と板書し，このようにノートに書いている人が多かったことを伝える。 ○「二千二百二十二」だよ。 ■「二十二百二十二じゃないの？」「二千って何？」ととぼけ，子どもたちの反応を受けて「全部2だけど，違いはあるの？」と続けて課題を板書する。 **Point❶** 　それぞれの「2」にちがいはあるの？ ■「何と読むのか」「どうして，そう読むのか」について考えをノートにメモさせる。 ■みんなで考えていきましょう。 **Point❷** ○⑩⑩①①は「二十二」で「22」だよ。 ○⑩が22個が問題なんだよね。 ○⑩⑩⑩⑩⑩⑩⑩⑩⑩⑩で1000に両替。 ■「二千二百二十二なら220022じゃないの？」と尋ね，子どもの発言を生かしてポイントを板書していく。 **Point❸**	□教科書は開かない。 □印刷したものを配付し，ノートに貼らせる。 □とぼけることで，子どもに「だって」と考えさせるように仕向ける。 □課題の表現は，十進位取り記数法の仕組みを説明させることを意図している。 ◎ノート・発言 □⑩が10個集まると1000にまとめられることを確認する。

千の位	百の位	十の位	一の位
1000 1000	⑩⑩	⑩⑩	①①
2	2	2	2
二千	二百	二十	二

■確認問題として教科書の問題に取り組ませ，ペアトークさせる。 ■教科書のまとめを読み，練習問題に取り組ませる。	□「千の位」という用語を教える。 □2222という表記の意味をお金と位取りの仕組みに関連づけて強調する。 ◎ノート・発言

実践事例 33　2年　1000より大きい数　**93**

実践事例 34

2 年

図をつかって考えよう 〔1時間目〕

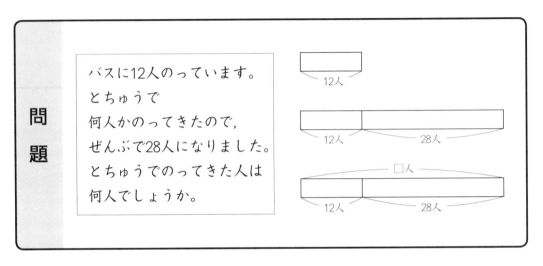

問題
バスに12人のっています。
とちゅうで
何人かのってきたので，
ぜんぶで28人になりました。
とちゅうでのってきた人は
何人でしょうか。

　本単元では，加法と減法の相互関係について，加法逆減法，減法逆加法，減法逆減法の問題場面を通して学習します。テープ図が重要な役割を果たしますので，実態によっては，「たし算とひき算の図」という既習の学習を想起する場面を設けることも必要です。

Point ❶ 集団解決における説明し合う活動を充実させる

　これまでの加法・減法との違いに戸惑う子どもも少なくないため，本時では，テープ図を「読み取る」ことに重点を置き，誤答を修正する過程をていねいに扱う展開としました。特に集団解決の場面では，一人の子どもの発言をほかの子どもにも説明させるなど，じっくりと考える時間を確保したいものです。

Point ❷ 立式の根拠を説明することで数量の関係を捉えられるように

　また，これまでに，「『全部で』と書いているから，たし算だ」などのようにキーワードだけを手がかりに立式する習慣が身についてしまっている子どもがいる可能性もあります。本単元は，問題場面の数量の関係を捉えて立式することや，考え方を説明するためには図が有効であることを実感するよい機会です。教師の問い返しなどによって，全体やペアトークの場面を充実させ，「全体」「部分」「部分」という数量の関係を，式や言葉の式と関連づけられるようにしたいと考えます。

本時の目標	加法逆減法（$a+\square=b$）の問題について，テープ図などを用いて数量の関係や式を考え，説明できる。

教師の働きかけ（■）と子どもの反応（○）	留意点（□）・評価（◎）
■問題文とテープ図を段階的に提示する。	□個人思考の前にカードを配り，ノートに貼らせる。
■正誤の予想を挙手させる。 　○前に「たし算とひき算の図」で学習したテープ図に似ているけれど…。	□教科書を参照させる。
■課題を板書する。	
このテープ図はお話に合っているのかな？　せつめいしよう。	
■ノートに自分の考えをかきましょう。	◎ノート
■机間指導で，子どもの考えを把握し，取り上げる考えと順番を構想する。	
■みんなで考えていきましょう。　　　　　　　　Point❶ 　○「12人」の横には，途中で乗ってきた人数が書かれるはずだよ。 　○途中で乗ってきた人数は「何人か」となっていて，それを求める問題だよ。わからないから，それが□人になるんだね。 　○全部で28人になったんだから，□と28の位置が反対だね。	◎発言
■途中で乗ってきた□人を求める式はどうなるでしょうか。 　○28-12＝16で，16人だと思うよ。	□色チョークで線やキーワードを加えてまとめにつなげる。
■問題に「全部で」と書いてあるのに，たし算ではなくひき算でよいのでしょうか。　　　　　　　　　　　　　　Point❷ 　○図を見ると，「全部の人数」から「はじめに乗っていた人数」を引くと「途中で乗った人数」がわかるよ。	
■12＋16＝28ではだめなのでしょうか。 　○「全部の人数」を求める問題ではないよ。	
■教科書を開き，まとめをする。 　○□を使ってお話に合わせて図に表し，式を考えるんだね。	□教科書を開く。
■教科書の練習問題に取り組ませる。	

実践事例34　2年　図をつかって考えよう　**95**

実践事例 35

2 年

1を分けて 〔1時間目〕

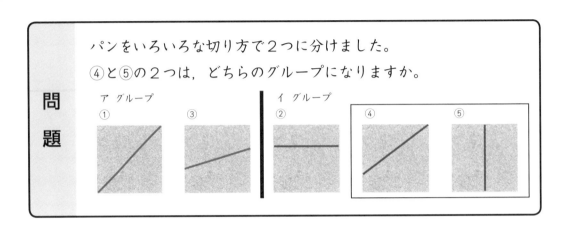

問題

パンをいろいろな切り方で2つに分けました。
④と⑤の2つは、どちらのグループになりますか。

アグループ　①　③
イグループ　②
④　⑤

　自然数では、ものを半分にした大きさを表すことはできません。分数を用いると、ものを半分にした大きさを表すことができるようになります。

Point ❶　本時で重要になる言葉を子どもから引き出す

　分数については、本時で初めて学習します。そこで、分数の学習で重要になる「同じ大きさに分ける」を子どもから引き出す展開を目指し、問題提示を工夫しました。問題は、3つの図を2つに分類して示しています。さらに、④と⑤の図を示し、どちらに分類されるか考えさせます。どんな視点で分類しているのか考えさせ、「同じ大きさに分ける」に迫ります。

Point ❷　「どうして？」と感じさせ、「考えてみたい」を引き出す

　①、②、③の順に図を提示すると、アグループは「ななめの線で分ける」、イグループは「まっすぐの線で分ける」ように見え、「同じ大きさに分ける」に気づきにくくなります。そして、④、⑤の図形がどちらのグループか予想させると、「ななめの線で分ける」という考えから、④がアグループ、⑤がイグループであるという反応を得ることができます。教師から、④がイグループ、⑤がアグループであると伝えると、「どうしてそうなるの？」という気持ちにさせることができます。そして、子どもの「考えてみたい」という意欲を引き出し、課題を設定します。

本時の目標	$\frac{1}{2}$の大きさをつくることができる。

教師の働きかけ(■)と子どもの反応(○)	留意点(□)・評価(◎)
■①，②，③の図を提示し，アとイのグループの違いを考えさせる。 　○①と③の図は斜めの線で，②の図はまっすぐの線だよ。 ***Point*** ❶ ■④と⑤の図と，問題「④と⑤の図はどちらのグループになるかな。」を提示する。 ■答えを予想させる。 ***Point*** ❷ 　○斜めの線になっているから，④はアグループだね。 　○まっすぐの線になっているから，⑤はイグループだね。 ■④がイグループ，⑤がアグループだと伝え，課題を提示する。 | アとイはどんなグループなのかな。 | ■個人で考えさせる。 ■机間指導で，子どもの考えを把握し，取り上げる考えと順序を構想する。 ■みんなで考えていきましょう。 　○「半分」と「半分じゃない」グループかな。 　○①と⑤は，線を折ると重なったよ。 　○②，③，④は，線を折ると重ならなかったよ。 　○③は，線で切って調べたらいいよ。 　○アグループは，線で切ると重なるかな？ ■切って重なるか調べさせる。 　○③は，切ると重なったよ。 　○切って重ねたときも，同じ大きさといえるよ。 　○折ったり切ったりして重ねると，同じ大きさだと確かめることができるね。 ■長方形，円，三角形などを2等分させる。 　○折って確かめることができるね。 　○切って確かめる場合もあるね。	□順番通りに1つずつ図を提示する。 □子どもの「どうして？」を引き出し，課題を設定する。 □折り紙を配付 ◎観察 ◎発言 □切って重ねる目的を確認する。 ◎観察

実践事例35　2年　1を分けて　**97**

実践事例
36

3 年

かけ算のきまり 〔1時間目〕

問題

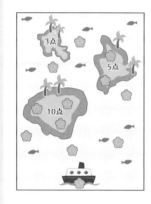

点とり遊びをしました。
とく点は，正しいでしょうか。

けんじさんのとく点

入ったところ	入った数（こ）	とく点（点）
10点	3	30
5点	2	10
3点	0	3

(得点を隠しておき，10点→5点→3点と順番に見せてから，問題を提示する)

　教科書を生かした導入ですが，得点表にひと工夫しました。10点，5点の得点を確認しながら，かけ算の学習であることを暗示し，3点の得点を誤答にすることで，本時の課題に気づかせる問題にしました。

Point ❶　説明したくなる問いかけを

　本時は，子どもが説明したくなる問いかけで構成しました。問題では，誤答を提示することで，「3点は，0こだから」と子どもから声が上がるはずです。誤答を修正したい気持ちを受けて，課題を「答えを求めよう」ではなく，「説明しよう」にすることにより，子どもたちの「だって」を引き出したいと考えました。集団解決のきっかけとして誤答を提示し，「正しいかな？」と言ってスタートさせるのも，「だって」と子どもたちに説明させたいからです。

Point ❷　「×0」から「0×」につなげてまとめをする

　「×0」の問題が解決したら，次に「0×」の問題を考えます。「×0」で「ひとつもない」ことがわかったので，その考えを発展させ，「0点にいくつ入っても0」という発言が子どもから出てくることが期待できます。似たような考えをたくさん出させ，子どもたちの言葉を板書したり，ポイントを強調したりしながら，本時のまとめを行います。

本時の目標	0の乗法の意味を説明することができる。

教師の働きかけ（■）と子どもの反応（○）	留意点（□）・評価（◎）
■絵を黒板に貼り，点とり遊びの場面であることを確認し，得点表を提示する。	□教科書は開かない。
■得点表の10点から，かけ算で得点を求められることを確認する。 ○10×3で30点，5×2で10点 ○3×0？　3点？	□表を配付し，短時間で得点を記入させる。
■「正しいでしょうか」と板書し，答えを予想させる。 ○正しくない？　正しい？	□問題をノートに書かせる。
■子どもたちの反応をもとにして，課題を設定する。　Point❶	□「本当？」と問い返すことで課題につなげる。
0をかけるといくつになるか説明しよう。	
■机間指導で，「10×3」や「5×2」の考え方をもとにして考えている子を見つける。いない場合は，「10×3は，10が3こで30」をもとにして考えるように促す。	□かけ算の考え方で説明を書いている子どもに話しかけ，そのやりとりを解決のヒントにする。 ◎ノート
■「正しいかな？」と言って，「3×0＝3」と板書する。	
■「違う！」と言う子どもに説明させる。 ○10×3は，10点に3個あるから30点。3×0は，3点に0個だから0点。	□誤答を提示することで，子どもたちの発言を促す。 ◎発表
■×0は，ひとつもないことを確認する。	
■表の続きを提示し，得点を問う。　Point❷	□×0の考え方が使えないか考えさせる。 ◎ノート・発表

入ったところ	入った数（こ）	とく点（点）
0点	5	

○0点に5こ入っても0点，0×5＝0	
■子どもたちの発言から，「0×」の答えは0であることを確認し，板書してあるポイントを生かして本時の学習をまとめる。 ○□×0＝0，0×□＝0	
■教科書の練習問題に取り組ませ，答え合わせをする。	□教科書を開かせる。 ◎ノート

実践事例 36　3年　かけ算のきまり　**99**

実践事例

37

3　年

たし算とひき算　〔5時間目〕

問題	$$\begin{array}{r} 5 \quad 103 \\ \cancel{6} \quad 3 \quad 7 \\ -\ \ 2 \quad 8 \quad 5 \\ \hline \end{array}$$ 　正しいでしょうか。

　百の位から繰り下がる3位数同士のひき算の仕方を考える学習です。本問題は，誤答の提示をきっかけとして，十進位取り記数法の考え方をもとに，計算の仕方を説明できるようにしていくことをねらいとしています。

Point ❶　誤答を修正する過程で「十進位取り記数法」の考え方を引き出す

　　子どもたちは，第2学年で「3位数－2位数」を学習しており，百の位から繰り下がるひき算も学習しています。ここでは，スパイラルの視点で確実な理解を図りたいと考えます。そして，ひき算の計算の仕方に関する考えの一般化を図るため，十進位取り記数法の考え方に関する誤答例は意図的に話題となるようにします。学級の実態によっては，教師があえて誤答側の立場で主張し，その誤答を子どもたちが修正しようとする発言を取り上げる中でまとめにつながるキーワードを板書していくようにします。

Point ❷　図と筆算を関連づける

　　計算の仕方を考えたり説明したりする際には，お金の模型の操作や図，式，言葉などと筆算の仕方を関連づけたり，他者が書いたものを読み取ったり説明したりしながらみんなで考え合うことが重要です。筆算のアルゴリズムに隠れている「数を分解して見る見方」「10や100を単位として計算をしていくこと」といったよさを感じることで，桁数が増えても，十進位取り記数法の仕組みによって，これまでの2位数同士の計算方法と同じになっていることを子どもが見いだし，実感を伴った理解を図っていくことができると考えます。

100　Ⅱ 実践編

本時の目標	百の位から繰り下がる３位数のひき算の仕方を，図や式などを用いて考え，説明することができる。

教師の働きかけ（■）と子どもの反応（○）	留意点（□）・評価（◎）
■問題を板書する。	□問題をノートに書かせる。 □教科書は開かない。
■予想を挙手させる。 　○正しい。 　○正しくない。 　○繰り下がりが間違っていると思う。 ■課題を板書する。	

計算の仕方を説明しよう。

■ノートに自分の考えを書きましょう。	◎ノート
■机間指導で，子どもの考えを把握し，取り上げる考えと順番を構想する。	
■みんなで考えていきましょう。 　○十の位から繰り下がったときは，一の位に10と書いたよね。百の位から繰り下がるから，100と書いていいと思うよ。**Point❶** 　○もし，十の位の計算が103－8だったら，十の位が95になってしまう。また，百の位に繰り上がることになるの？ 　○十の位は，1が10という意味になるはずだよ。だから10と書くべきだよ。 　○十の位に100と書いたら，1000の意味になってしまうからだめなんだね。**Point❷** 　○百円玉を十円玉10枚に両替するような考え方だね。だから十の位に13と書けば10が13個で，130になるんだね。	◎発言 　　5　13 　　6̸　3　7 －　2　8　5 　　3　5　2
■教科書の例題をやってみましょう。 　○数が大きくなっても，上の位から1繰り下がった場合は，下の位に10を移動すると考えるんだね。 ■教科書の練習問題をやってみましょう。	□教科書を開く。 ◎ノート・発言 □色チョークで線やキーワードを加えてまとめにする。 ◎ノート・発言

実践事例37　3年　たし算とひき算　**101**

実践事例 38

3 年

時刻と時間 〔1時間目〕

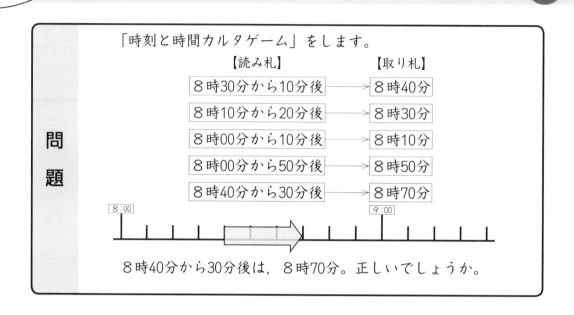

教科書では，数直線と「何分後」の矢印を示した上で時刻を考えさせる導入となっています。本時では，数直線をかいて考える経験を積み，「60分」になると「何時」の数が1つ大きくなることを子どもが見いだせるよう，時刻と数直線の誤答を提示しています。

Point❶ 誤った数直線の提示から，修正しようとする意欲を引き出す

本時では，単に時刻の誤答を示すだけでなく，数直線の目盛りの誤りも提示しています。このことから，「誤った数直線を修正したい」という子どもの意欲を引き出し，「8時」が「9時」へと変わる目盛りがどこになるのかを考えていけるようにしました。

Point❷ 問題場面について振り返ることで深い学びに

「9時10分」を求める方法が明らかになった段階では，「8時70分と考えた人は，何がいけなかったのか」などと，本時の学習を振り返ります。「数直線の目盛りを正しくかいていれば間違えなかった」「1時間は100分ではなくて60分だよ」などという発言を引き出し，数直線を用いるよさや自分たちの考えの妥当性を確認し，その後の学習でも活用していけるようにしたいものです。

本時の目標	ある時刻から何分後の時刻の求め方を，数直線などを用いて説明することができる。

教師の働きかけ（■）と子どもの反応（○）	留意点（□）・評価（◎）
■問題の場面について話し合う。　**Point ❶** 　○「8時70分」は聞いたことがないよ。 　○8時40分から30分たったら，どうやって表すんだろう。 　○この数直線がおかしい。目盛りが「10等分」になっている。 　○数直線を直せば，わかるはずだよ。	□子どもの発言に対して，「どこがおかしいの？」「今までの数直線は10等分だったよね」などと問い返し，課題を引き出す。

数直線を直して，正しい時刻について説明しよう。

■時計や数直線を使って，考えてみよう。 ■机間指導で，子どもの考えを把握し，取り上げる考えと順序を構想する。 　○1時間は60分のはずだから…。 （数直線・時計の図） 　○時計の針で考えてみよう。	◎活動の様子，ノート
■みんなで考えていきましょう。　**Point ❷** 　○1目盛りを10分とすると，8時から9時までは6つの目盛りになる。 　○6つ目の目盛りは，8時60分ではない。8時59分の次は，「9時」と表す。 　○8時40分に20分をたすと，8時60分になるので，繰り上がりのようになって，「9時」となる。 　○「9時」からさらに10分たつと「9時10分」となる。 　○正しく数直線をかけば間違えないね。 ■確認問題として，「8時40分から45分たったら，何時何分になるだろうか」を，隣の人に説明してみよう。 　○20分たったら9時になる。さらに25分たつから，9時25分だ。 ■教科書の練習問題をやってみましょう。	□「60分」をつくることで，「何時」の数が一つ増えることを時計の文字盤と結びつけて確認する。 ◎発言 □「8時70分」はどこがいけなかったのかを問う。 ◎ノート，発言 □教科書を開く。 ◎ノート

実践事例38　3年　時刻と時間　**103**

実践事例 39

3 年

わり算　〔1時間目〕

問題：12このクッキーを図のようにわけました。どのようにわけたのでしょうか。

わり算では，「包含除」と「等分除」の2つの意味を扱います。「包含除」は「除く」という操作がしやすく，「等分除」は「分ける」というイメージがわかりやすいというよさがあります。

Point ❶　図から場面を言葉で表現する必要感を

教科書の趣旨を生かし，どちらかを先に扱うのではなく，新しい演算としての「わり算」の意味につながる言葉を子どもたちから引き出したいと考え，「分け終わった図」を提示し「どのように分けたのか」を考えさせる問題にしました。

Point ❷　分ける操作とわり算の意味につながる言葉を結びつける

このことで，場面を言葉で表現する必要感が出てきます。子どもたちで話し合う際には，実際に「分ける操作」を重視し，「3個ずつ分ける（包含除）」や「4人で等しく分ける（等分除）」という子どもの言葉を逃さず教師が強調，確認することを通して，わり算には2つの場面があることに気づかせたいと考えました。

Point ❸　ペアトークさせ，理解の状況を評価する

本時の目標「除法の意味に気づく」は，図から場面の違いについて子どもたちの考えを説明し合うことを通して，「わり算」の意味を理解させたいという意図があります。授業の終末では，ペアトークの機会を多くし，「式と答え」という結果だけではなく「考え」を表現し合い，確かな理解を図ろうとしています。

本時の目標	分ける場面から除法の意味に気づき，除法の式を知る。

教師の働きかけ(■)と子どもの反応(○)	留意点(□)・評価(◎)
■図を黒板に提示する。子どもにはカードを配り，ノートに貼らせる。	□教科書は開かない。
■問題文「12このクッキーを図のようにわけました。どのようにわけたのでしょうか。」を子どもたちとやりとりしながら板書し，ノートに書かせる。	
■「考えついた人は？」「まだ考えつかないという人は？」と挙手させ，「それでは」とつなげ，課題を板書する。 **Point ❶**	□意思表示させ，考える必要感につなげる。

> どのように分けたのか，説明しよう。

■自分の考えをノートにメモしよう。	◎ノート
■机間指導で子どもの考えを把握し，取り上げる考えとその順番を構想する。	□5分ほど時間をとり，途中で数名に考えの一部を板書させる。
■みんなで考えていこう。 **Point ❷**	◎発言

(その1) 3こずつわけた

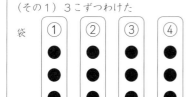

(その2) 4人に等しく配った

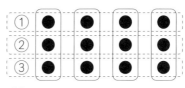

○（その1）は，3個ずつ袋に入れた感じ。そうすると袋が4つできるっていうこと。 ○（その2）は，お皿が4枚あって，1個ずつ配る感じ。4人で同じ数ずつ分ける。	□板書の考えを説明し合い，色チョークで線やキーワードを加えてまとめにする。
■「分ける」には違う場面があるんだね。	
■隣の人と，2つの考えの違いを話そう。	◎発言
■教科書で「÷」の式表現を確認する。	□教科書を開く。
■教科書の練習問題に取り組ませ，式と答え，考え方をペアトークさせる。 **Point ❸**	◎ノート・発言

実践事例 40

3 年

長　さ　〔1時間目〕

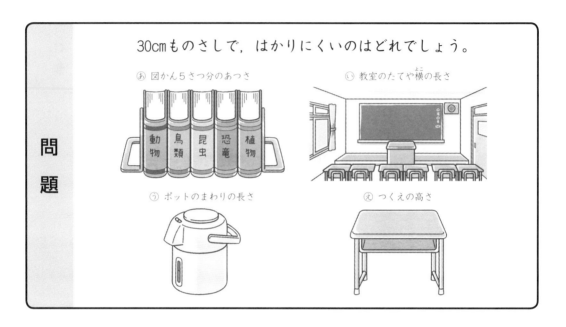

問題：30cmものさしで、はかりにくいのはどれでしょう。
- ㋐ 図かん5さつ分のあつさ
- ㋑ 教室のたてや横の長さ
- ㋒ ポットのまわりの長さ
- ㋓ つくえの高さ

　教科書では，巻き尺の導入場面として，幅跳びで跳んだ長さ，木の周りの長さの測り方を考える問題提示を行っています。「ものさしでは不都合を感じる場面を提示する」という考え方を生かすとともに，教科書にある問題の順番を工夫する授業構成にしました。

Point ❶　不都合を感じる場面との比較によって，よさを感じられるように

　本問題では，教科書で練習問題として登場する4つの測定場面を生かし，既習の「ものさし」では不都合を感じる場面との比較を通して，巻き尺の機能やよさを感じることができるようにします。また，単位や測定機器を場面に応じて適切に選択できるようにしていきたいと考えました。

Point ❷　適切に機器を選択できるように，豊かな量感をはぐくむ

　そのためには，「量と測定」領域では，「大は小を兼ねる」という考え方は不向きであるということを，体験を通して感じさせたいものです。実際に測定をする活動においては，子どもたちが巻き尺で測る対象にも着目しているか，また，活動が進んだ際には，「およそどのくらいの長さか」という見積もりをして測定するようになることも大切にしたいものです。

本時の目標	巻尺の目盛りの仕組みや測り方に気づく。

教師の働きかけ(■)と子どもの反応(○)	留意点(□)・評価(◎)
■図を黒板に掲示し，問題を板書する。子どもにはカードを配り，ノートに貼らせる。	□ノートに貼らせる。 □教科書は開かない。
■ノートに自分の考えを書かせ，確認をする。　*Point❶* ○図鑑5冊分の厚さは，30cmものさしで簡単に測れるよね。 ○机の高さも測れないことはないかもしれないけれど，どちらかというと，1mものさしの方が測りやすいと思うよ。 ○教室の縦や横の長さを30cmものさしで測ろうとしたら，何本分になるんだろう。 ○ポットの周りの長さのように，直線じゃないところの長さを測ろうとすると，ものさしでは正確に測れそうもないよ。	◎ノート・発言 □長くないもの，真っ直ぐなものは巻き尺よりものさしの方が測りやすいことを，授業の終盤に再確認する。
■課題を板書する。	

長いところやまるいものの長さのはかり方を調べよう。

教師の働きかけ(■)と子どもの反応(○)	留意点(□)・評価(◎)
■どのようなものがあると便利か，ノートに自分の考えを書きましょう。	◎ノート
■机間指導で，子どもの考えを把握し，取り上げる考えと順番を構想する。	
■みんなで考えていきましょう。 ○1mものさしよりも，もっと長いものがあると便利だよね。 ○丸いものを測るためには，紐のように曲がるものじゃないと困るよね。	◎発言 □色チョークで線やキーワードを加えてまとめにする。
■教科書を開かせ，「巻き尺」と「目盛りの読み方」を確認させる。	□教科書を開く。
■巻き尺を使ってみましょう。　*Point❷* ○廊下の長さも測ってみよう。 ○ぼくの腕の太さや地球儀の周りの長さを測ってみたいな。 ○巻き尺には「mm」の目盛りがないんだね。	□巻き尺の使用 ◎ノート・発言

実践事例40　3年　長さ　**107**

実践事例

41

3 年

表と棒グラフ 〔1時間目〕

問題

国道を走る乗り物を調べました。
2ばんめに多い乗り物は何でしょうか。

——————————（通った乗り物を教師が読み上げる）——————————
乗用車　オートバイ　オートバイ　乗用車　バス　トラック　乗用車　タンクローリー　乗用車
パトカー　トラック　バス　トラック　乗用車　トラック　乗用車　オートバイ　乗用車　消防車
乗用車　オートバイ　乗用車　オートバイ　トラック　乗用車　バス　トラック　パトカー
オートバイ　乗用車　バス　乗用車　トラック　タンクローリー

　教科書では，国道を走る乗り物の絵を使って，車の種類ごとの数を，「正」の字を使って調べる活動となっています。そこで，「正」の字を書く必要感を子どもたちに強く感じさせるために，通った乗り物を教師が読み上げることにしました。音声はすぐに消えてしまいます。その音声を記録に残すにはどうしたらよいかを子どもたちに考えさせ，頭文字だけを書いて乗り物を表したり，正の字を書くことですばやく記録したりする工夫に気づかせる問題にしました。

Point ❶　意図的によさを確認する場面を

　子どもたちの気づきから，頭文字を書くことや「正」の字で表すことを引き出したら，そのよさについても考えさせたいものです。子どもたちの中には，友達の考えに従い，それぞれのよさに気づかずに形だけまねしている子もいます。そこで，それぞれのよさについて考える時間を設けました。教師が意図的によさを確認することで，頭文字を書く，「正」の字で表すことの意味を理解し，違う場面でも活用できるようになるのではないかと考えました。

Point ❷　子どもの考えから表やグラフにつなげる

　問題を「2番目に多い乗り物」にした理由は，表につなげるためです。一番多い乗り物は，聞いたり，「正」の字を書いたりするとすぐにわかります。そこで，2番目を尋ねることで，表で表そうという流れにつなげたいと考えました。

108　Ⅱ 実践編

本時の目標	資料をわかりやすく分類整理することができる。

教師の働きかけ(■)と子どもの反応(○)	留意点(□)・評価(◎)
■問題文を板書する。	□問題をノートに書かせる。 □教科書は開かない。
■問題場面を説明し，通った乗り物を読み上げる。 　○早すぎてわからない。 　○数えられない。	□場面をイメージさせるために，乗り物の絵を提示する。
■子どもたちの反応をもとに，課題を設定する。	
くふうして調べよう。	
■「どんな工夫があるかな？」と投げかける。 　○一文字目をかく。 　○正の字をかく。	□イメージしにくい子がいる場合は，いくつかの例を挙げさせる。
■「では，やってみよう！」と言って，通った乗り物を読み上げる。	□机間指導しながら，発表する子を指名していく。
■どんな工夫をしたか発表させる。 　○一文字目を書いて，数えました。 　○一文字目を書いて，その横に正の字を書きました。	
■それぞれのよさは何か，発表させる。　　**Point❶** 　○一文字目は，すぐに書ける。 　○正の字も，すぐに書ける。 　○正の字は5つだから，あとで数がわかりやすい。	□数名に発表させ，よさを確認し，「一文字」「正」「すぐに」を色チョークで強調する。 ◎発表
■バラバラで見にくいことを実感させ，見やすくするにはどうしたらいいか考えさせる。　　**Point❷** 　○表に表す。	□表に表す必要性を感じさせる。
■調べたことを表にまとめさせ，答えを確認させる。	◎ノート
■子どもたちの発言を生かして，まとめる。	
■教科書の問題に取り組ませる。	□教科書を開く。

実践事例41　3年　表と棒グラフ　*109*

実践事例

42 3年　あまりのあるわり算　〔1時間目〕

問題　5こずつふくろに入れられるのはどちらでしょうか。

　教科書の図を利用しますが，数値は伏せて提示します。九九1回でわりきれる場合と，わりきれない場合を同時に示すことで，自然な形で既習内容を確認しつつ，これまでの学習との違いに注目させることをねらっています。

Point ❶　「できない」を生かして，子どもから課題を引き出す

　みかんの「$20 \div 5 = 4$」を確かめた直後なので，りんごが17個とわかれば，5個ずつ分けられないことに直感で気づく子どもは少なくありません。そこで，あえて「分けられるね」と投げかけることで，「分けられない」や「ぴったりにならないけれど…」といった発言を引き出し，本時の課題へとつなげます。

Point ❷　考えを比較し，確かな理解に

　かけ算を用いた説明には，りんごの数である「17」は直接登場しないので，混乱するおそれがあります。式と図を比較し，同じ意味のところを結んだり，印をつけたりしながら，それぞれの考え方を関連づけていきます。

Point ❸　意図的な板書で，「あまり」を強調する

　集団解決の段階で，子どもに考えを発表させると，わりきれずに生じた端数を「あまり」や「残り」，「たりない分」など，各自が異なる表現を用いることが予想されます。それぞれの表現を認めつつも，「あまり」という発言だけを色チョークで強調して板書します。さらに，「あまり」とノートに書いた子どもに繰り返し発表させることで，「あまり」という用語の浸透を図ります。

本時の目標	あまりのある除法の計算を，図や式で説明することができる。

教師の働きかけ(■)と子どもの反応(○)	留意点(□)・評価(◎)
■図を掲示し，問題文を板書する。ノートに書かせたあと，直感で予想させる。	□教科書は開かない。
■子どもとやりとりしながら，わり算になることや，みかんの場合の式と商を確かめる。	□「わける」「5こずつ」などから，既習事項を想起させ，除法であることを確認する。
■りんごの個数を調べたあと，「りんごも分けられるね」と投げかけると，「できない」「分けられるけれど，ぴったりにならない」などの発言が出され，そこから課題につなげ板書する。 Point❶	
ぴったりにならない分け方を説明しよう。	
■図を配付する。図や式などで，分け方の説明を書かせる。机間指導で，子どもの考えを把握し，取り上げる順を決めておく。	□りんごを点で示した図を配付する。
■みんなで考えていきましょう。 Point❷ ア 図で表す　　イ かけ算で表す 　　5×3＝15　2こあまる 　　　　　　　　5×4＝20　3こたりない ○アはあまったけれど，3袋できたよ。 ○イは3袋だとあまって，4袋だと足りなくなる。	◎ノート，発言 □かけ算の乗数や被乗数，また，「あまり2個」が図のどの部分なのか説明させる。
■みかんとりんごの分け方の違いを確かめる。 Point❸ ○みかんは，ぴったり分けられるわり算。 ○りんごは，あまりがでるわり算。	□特に「あまり」という発言を黄色で強調して板書する。
■「あまりがでるわり算もあるんだね」 教科書 p.82で，あまりのあるわり算の式について，書き方や読み方をまとめる。	□黒板に教科書の内容を補足してまとめる。
■みかんとりんごの分け方の違いや式から，「わりきれる」「わりきれない」の用語を説明する。	
■教科書の練習問題に取り組ませ，式と答え，考え方をペアトークで確認する。	◎ノート・発言

実践事例

43

3 年

10000 より大きい数　　〔1時間目〕

問題

現金つかみどり大会をしました。箱の中身は，千円札，百円玉，十円玉，一円玉です。獲得金額が多いのはどちらでしょう？

千	百 A	十	一
●	●●● ●●● ●●● ●●● ●●●	●●● ●●● ●●● ●●● ●	●●● ●●● ●●●

千	百 B	十	一
●●● ●●● ●●	●	●●	●

　教科書では，導入において，位取り表を用いて千の位に十のかたまりができる場面を提示しています。このような教科書の提示を生かし，本問題では●の数が多く，一見大きな数に見えるような位取り表との比較を行うことで，子どもが実際の数を調べる必要感を生み出すことをねらいました。

Point ❶　位ごとの数を調べる必要感をもとに課題を設定する

　「Aの方が●の数は多いよ」などと問いながら問題場面について予想させて，「単純に●の数では比べられない」「●が多い位について調べなくては正確な数はわからない」という考えを引き出していきます。「2つの位取り表を調べて比較したい」という子どもの声を生かして課題を設定していきます。

Point ❷　十進位取り記数法の考えを生かして理解を図る

　AとBの比較をきっかけとし，Aの表について，「十の位の中に十のかたまりができたら…」，「百の位の中に十のかたまりができたら…」など，位取り表に○や矢印をかき込んで説明する活動を行います。このことから，「千の位に十のかたまりができた場合も，繰り上げるのではないか」と類推していけるように展開することができます。AとBの共通点を考えさせることで，「数が大きくなっても，今までと同じ読み方や数え方の規則でよい」と統合的に考えていくことができるでしょう。

112　Ⅱ 実践編

本時の目標	十万未満の数の読み方，表し方，構成について知り，位取りの仕組みに気づく。

教師の働きかけ(■)と子どもの反応(○)	留意点(□)・評価(◎)
■問題の場面について予想する。　　**Point ❶** ○ぱっと見たら，**A** が●が多いよね。 ○でも，**B** は千の位に多いよ。 ○ちゃんと数えて比べてみたいな。	□必要に応じて，「●の数が多い方は **A** だから，**A** の方が多いよね？」などと問うことで，各位の数の大きさに着目できるようにする。
<div align="center">金がくが多いのはどちらか調べ，説明しよう。</div>	
■ノートに自分の考えを書きましょう。 ○ **A** は，百の位，十の位，一の位それぞれに十のかたまりがあるから，正しく読むには繰り上げなくてはいけないね。 ○ **A** は，千円が2個，百円が6個，十円が4個，一円が2個になるから，2642円。 ○ **B** は，千円が10個ある。「10千」とは言わないだろうから…。	◎ノート
■みんなで考えていきましょう。　　**Point ❷** ○どうやら **B** の方が多いようだけれど…。 ○ **B** は，千円が10個ある。これをどのように表したらいいだろうか。 ○左に新しい位があると思う。なぜなら，今までも十のかたまりができたら新しい位に1繰り上げていたから。	□ **A** の表が表す数について，黒板の前で説明させる。 □必要に応じて，「千が10あるから，『10千』と言えばよいのかな？」と問い，既習の十進位取り記数法の考え方を引き出す。
■「一万の位」を教える。 ○今までと同じように，千の位に十のかたまりが1つできたら，「一万の位」に繰り上げればいいんだね。 ○ **B** は「一万千百二十一円」と読めるね。	◎発言
■教科書の確認問題をやってみましょう。 ○千のかたまりが20個あるから，一万の位に「2」を繰り上げて，「二万」になるね。 ○「二万四千三百十五」と読めるね。 ○各位の数を書くと，「２４３１５」だ。	□教科書を開く。 ◎ノート
■教科書の練習問題をやってみましょう。	◎ノート・発言

実践事例 44

3 年

円と球　〔1時間目〕

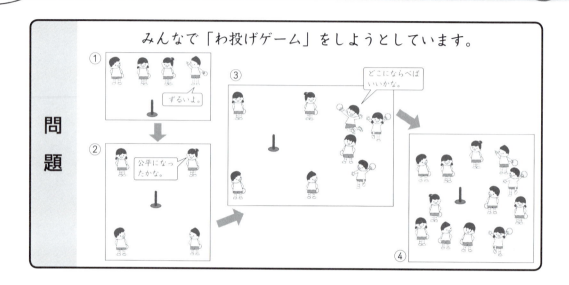

　教科書での単元の導入は，「円の定義」を子どもたちの生活とも関連させ，必要感をもって考えられるストーリーになっています。また，紙面構成も答えがすぐに見えないように工夫されていますので，教科書を開いて問題提示することにしました。

Point ❶　ストーリーを追い，「どうして？」と理由を問う

　①で「どうしてずるいの？」，②で「どうして公平なの？」と問うことで，「的から等距離に立てばよい」ということに気づかせたいと考えました。その考えを踏まえつつも，③で「どこに並べばいいの？」と葛藤場面をつくり出します。「正方形の各辺の中点」という誤答や，「正八角形」という考えを取り上げて検討します。そして，④で「もっとたくさんで」や「いつでも何人でも」という視点で揺さぶり，「円の定義」に気づかせる展開にしています。

Point ❷　「的(1点)から同じ長さの場所」という言葉につなげ，定義や用語を見つけたと感じさせる

　「円」や「中心」「半径」という用語は，教師が躊躇せずに教えるものです。
　しかし，「いろいろな意見が出たね。教科書のまとめをみんなで読みましょう」としてしまっては，確かな理解につながるとは思えません。子どもたちが，自分の言葉で表現するキーワードを教科書にある用語やまとめに結びつけて板書することで，教科書に書かれている「まとめ」と同じことを自分たちで見つけたと感じさせたいものです。

本時の目標	1点から等距離にある点の集合が円であることに気づき，「円」「中心」「半径」の用語を知る。

教師の働きかけ(■)と子どもの反応(○)	留意点(□)・評価(◎)
■①〜④の順に，拡大した絵を黒板に提示し，子どもたちに問いかけ，問題を提示する。　　　　　　　　　　　　　　　Point❶	□教科書を開き，ストーリーを追う。

みんなで「わ投げゲーム」をしようとしています。

① 「どうしてずるいの？」

③ 「4人ふえた。どこにならべばいいかな？」

④ 「もっとふえたら？」

② 「公平？どうして？」

「本当に？　それでは，」

（カードを配付）

■④のやりとりのあと，課題を板書する。	□カードは，的や人を点で表したものにする。

みんながならぶ線をかこう！

■ノートに自分の考えをメモしよう。 ■机間指導を行い指名計画を構想する。個人思考の途中で，数名に図のみ板書させる。 ■みんなで考えていきましょう。　　　　　　　　　Point❷	□作業スペースを確保するため，教科書を片づけさせる。 ◎ノート・発言

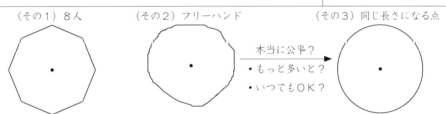

（その1）8人　　　（その2）フリーハンド　　　（その3）同じ長さになる点

本当に公平？
・もっと多いと？
・いつでもOK？

○的からの長さが等しい場所なら文句ない。 　○（その1）は，人数が増えるということは，かどが増えるということだよね。 　○（その2）だと，デコボコで不公平だ。 　○並ぶ点が多くなると丸くなっていくよ。 ■隣同士でどんな線になるか話してみよう。 ■みんなで見つけたことを教科書でも確認しよう。（「円」「半径」「中心」という用語を確認） ■教科書の確認問題を取り組ませ，ペアトークさせる。	□色チョークで線やキーワードを加えて強調し，まとめにつなげる。 ◎ノート・発言 □教科書を開く。 ◎ノート・発言

実践事例 45

3 年

かけ算の筆算(1)　〔1時間目〕

| 問題 | 1まい23円の工作用紙を3まい買います。
代金は，70円よりも多いですか？　少ないですか？ |

　多いか，少ないかを問うことで，子どもたちが自然と見積もりを行うように問題を工夫しました。また，70円を提示することにより，買い物の場面が想像でき，レジでの様子をイメージして説明できるようにしています。生活と関連した問題場面にすることで，算数が苦手な子どももスムーズに取り組むことができます。

Point ❶　子どもの思考を揺さぶる発問で，本時の目標に迫る

　本時の学習で子どもたちに理解させたいことは，「2位数×1位数もかけ算九九を使って答えを求めることができる」ということです。集団解決では，かけ算で解けることを押さえる必要があります。しかし，同数累加の考えを集団解決で取り上げたときに，たし算で解けることに満足する子どもがでてしまいます。そこで，いくつかの考えを説明させたあと，かけ算九九を使って解けることを印象づける発問をします。そのときの発問は，「かけ算九九でできるよね」ではなく，「かけ算九九でできないよね」です。こうすることで，子どもたちに説明させ，かけ算でできることを強く印象づけます。

Point ❷　練習問題で，本時の目標が達成できたかを確かめる

　本時の目標は，かけ算九九を使って2位数×1位数の計算の仕方を説明することです。そこで，練習問題では，全員が九九を使って答えの求め方を説明できるかを確認する必要があります。そのため，練習問題では，「かけ算を使って解きましょう」と解き方を限定し，同数累加は，答えの確かめのために使うという意図で，集団解決の場面で取り上げています。

本時の目標	2位数×1位数のかけ算の仕方を説明することができる。

教師の働きかけ(■)と子どもの反応(○)	留意点(□)・評価(◎)
■問題文を板書し，ノートに書かせる。	□早く書き終わった子には，問題を音読させる。
■問題場面の状況を把握させる。	
■答えを予想させ，挙手させる。 　○多い　　　○少ない	□暗算で69と言う子どもがいても，計算の仕方を考えることが大切と目標につなげる。
■立式させ，課題を設定する。	

23×3のけいさんの仕方をせつめいしよう。

教師の働きかけ(■)と子どもの反応(○)	留意点(□)・評価(◎)
■個人思考させ，早く書けた子どもに考えを板書させる。	□考えが進んでいる子どもと教師のやりとりを，思考が止まっている子どもの手だてとする。 ◎ノート・発言

（その1）
$$23×3＝23＋23＋23$$
$$＝69$$

（その2）

（その3）
$$23×3$$
$$20×3＝60$$
$$3×3＝\ 9$$

答え　69円なので，少ない。

教師の働きかけ(■)と子どもの反応(○)	留意点(□)・評価(◎)
■板書した子どもとは別の子どもに，それぞれの考えを説明させる。	□図と数を矢印でつなげる。
■「23の段はないから，かけ算九九でできないよね」と問いかける。 　○十の位と一の位に分けると九九でできる。　**Point ❶**	□かけ算九九で計算ができることを押さえる。
■子どもたちの発言を生かして，「位ごとに分けると，九九を使って答えを求めることができる」とまとめる。	
■（その3）の考え方を使って，練習問題として，「21×4」に取り組ませる。　**Point ❷**	□まとめを生かして，練習問題に取り組ませる。
■ペアで（その3）の考え方を使って説明させる。	◎ノート・発言

実践事例 46

3 年　重 さ 〔4時間目〕

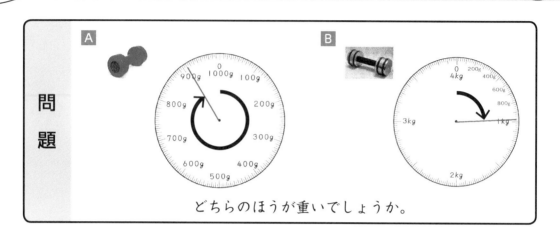

問題　どちらのほうが重いでしょうか。

　重さなど量の測定では、豊かな量感に基づいた「単位」や「計器」の適切な選択が重要になってきます。ここでは、「前時まで用いてきた秤と単位『g』」と「重いものを量る秤と単位『kg』」との比較を通して、単位同士の関係に気づけるようにしていきます。

Point ❶ イメージを覆して「問い」を引き出す

　本時では、針の振れ方が違う2つの秤の提示により、これまでの「針の振れ方が大きい方が重い」というイメージを覆す、「ずれ」のある問題を用いています。これにより、「文字盤はどうなっているんだ？」「よく見てみよう」と子どもが動き出すことが期待できます。

Point ❷ 子どもの発言から「基本となる考え」をまとめる

　「量と測定」領域の「計器の目盛り」、「数と計算」領域の「数直線の目盛り」は、苦手意識をもつ子どもが多くいるといわれています。その中でも特に、「一目盛り」を求めることが難しいとの声を聞くことがあります。そこで、「他の場面でも同じように考えるとできそうだ」という「基本となる考え」を子どもから引き出し、そのよさを共有しておきたいものです。また、このような考え方は板書でも強調し、本時の学習を振り返る際のまとめとして活用することも重要です。

本時の目標	重さの単位「kg」を知り，1kg＝1000gの関係を説明することができる。

教師の働きかけ(■)と子どもの反応(○)	留意点(□)・評価(◎)
■図を黒板に掲示し，問題を板書する。子どもにはカードを配り，ノートに貼らせる。 ■予想を挙手させる。　　　　　　　　　　　　　Point❶ ○Aの方が，針が大きく振れているね。 ○でも，よく見ると，秤の目盛りの数字がAとBでは違うぞ。 ○Bの秤の針は，「1kg」と書かれたところの近くだよ。「1kg」とは…。 ○どちらが大きいのかな。目盛りをよく見てみよう。 ■課題を板書する。	□教科書は開かない。 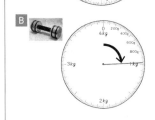

2種類のはかりのめもりをもとに重さを求めよう。

■ノートに自分の考えを書きましょう。	◎ノート
■机間指導で，子どもの考えを把握し，取り上げる考えと順番を構想する。	
■みんなで考えていきましょう。　　　　　　　　Point❷ ○Aは910gだね。Bは何gなのかな。 ○Bの秤の一目盛りがいくつなのかを調べるといいよ。 ○200gの半分が100g。100gを5等分しているから，一目盛りは20gだね。 ○Bは980gだね。 ○「1kg」よりも20g軽いと考えることもできるね。 ○200，400，…ということは，「1kg」は1000gのことなんだね。 ○Bの方が，重いものを量ることができるね。	◎発言 □色チョークで線やキーワードを加えてまとめにする。 □計器は必要に応じて選択することが大切であることに気づけるようにする。
■教科書を開かせ，重さの単位「キログラム」と「kg」の書き方を確認させる。	□教科書を開く。
■身近なものの重さを求め，ペアトークさせる。	◎ノート・発言
■教科書の練習問題に取り組ませる。	◎ノート・発言

実践事例 47

3 年

分　数　〔1時間目〕

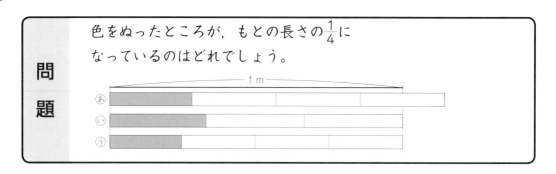

問題：色をぬったところが，もとの長さの $\frac{1}{4}$ になっているのはどれでしょう。

2年生までに折り紙を折ったり，切ったりするなど具体物を用いて $\frac{1}{2}$，$\frac{1}{4}$，$\frac{1}{8}$ といった任意の大きさをもとにした分割分数を学習しました。本単元は，1mなどを基準とする量分数について，分割分数との違いから学んでいきます。

Point ❶　学ぶ必要感をもたせる場の設定を

本問題は，分割分数である $\frac{1}{4}$ はどれか尋ねています。答えはⓐとⓒとなり，同じ「$\frac{1}{4}$」でも長さが違う場合があると気づきます。このことから，分割分数はもとにする大きさが異なれば，同じ分数でも大きさが異なるとわかります。これまで学習したことをもとに分数で表そうとするとずれが生じ，学ぶ必要感が生まれます。

Point ❷　比較によってねらいとする考えに注目させる

集団解決では，ⓐとⓒの共通点と相違点を比較します。すると，ⓐのもとの長さは1mより長く，ⓒのもとの長さは1mだとわかります。2つを比較し，量分数の基準となる1mに注目していきます。ⓒが1mの $\frac{1}{4}$ となっているという子どもの発言と $\frac{1}{4}$ mをつなぎ，まとめを行います。

Point ❸　教師が見取ることのできる姿で評価を

終末では，ノートに考えを記述する場面や，ペアトークする場面で評価していきます。本時の目標を「理解する」ではなく「説明することができる」として，子どもの具体的な姿から一人一人を評価します。

本時の目標	分割分数と量分数の比較を通して，量分数について説明することができる。

教師の働きかけ（■）と子どもの反応（○）	留意点（□）・評価（◎）

■問題文を板書し，図を掲示する。　**Point ❶**

色をぬったところが，もとの長さの$\frac{1}{4}$になっているのはどれでしょう。

—1 m—

あ
い
う

○あとうだよね。

○でも，あとうは大きさが違うよ。

○いは3つに分けているから違うね。

□子どもの疑問を課題として提示する。

> あとうの同じところ，ちがうところを探そう。

■自分の考えをノートに書いてみよう。

◎ノート

■みんなで考えてみよう。　**Point ❷**

〈同じところ〉

○あとうは，どちらも4つに分けたうちの1つだよ。

〈違うところ〉

○あとうで，もとの長さが違う。

○2つの$\frac{1}{4}$の長さが違う。

○うは，もとのテープの長さが1mだね。

□2つを比較し，もとの長さに注目させる。

◎発言

■1mの$\frac{1}{4}$の長さを$\frac{1}{4}$mということを確認する。

○うは，1mの$\frac{1}{4}$になっているね。

□子どもの気づきや発言を本時のまとめにつなげていく。

—1 m—

う
$\frac{1}{4}$

○$\frac{1}{4}$mが4こで1mになるね。

■1mを基準にするよさを考えさせる。

○$\frac{1}{4}$mは，1mを4等分しているから，長さはいつも同じになるね。

◎発言

■確認問題として，いの長さを尋ねる。

○いは，1mの$\frac{1}{3}$だから，$\frac{1}{3}$mだね。

◎ノート・発言

■教科書の練習問題に取り組ませ，どのように答えを求めたか記述させる。　**Point ❸**

□答えだけではなく，考えも記述させる。

◎ノート・発言

実践事例47　3年　分数　**121**

実践事例

48 3年 三角形 〔1時間目〕

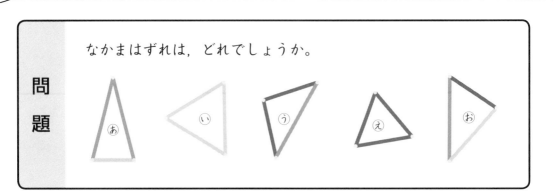

なかまはずれは，どれでしょうか。

教科書では，ストロー3本を組み合わせて，いろいろな三角形を作らせ，できた三角形を仲間分けさせる流れで導入しています。それでは時間がかかり，45分間で目標を達成することが難しいと考えました。そこで，三角形をはじめに提示し，仲間はずれを考えさせることで，自然と辺（ストローの色）に注目できるような問題にしました。

Point ❶　用語は，意図的に使って定着させる

算数の授業では，正確な言い方で子どもたちに説明させたいものです。本時では，「三角形」「辺」「等しい」を使わせ，用語と意味の理解を図ります。導入で言葉を確認し，1時間を通して使うように授業を進めていきます。そうすると，次時からは，子どもたちが意識して用語を使うようになり，定着に向かいます。

Point ❷　あえて取り上げないことで注目させる

集団解決では，子どもたちに一番気づいてほしい考えを，あえて最初に取り上げません。問題を「仲間はずれはどれか」としていたのも，このためです。集団解決で答えを確認するために，「㋔が仲間はずれ」と「㋑と㋓が仲間はずれ」の考えを出します。それだけでは，違和感のある子どももいるはずです。そこで，「3つに分けた人がいました」と子どもたちに投げかけ，もう一度，考えさせます。はじめの答えで満足していた子どもも3つの分け方を考え始め，全員で本時のねらいに迫ることができます。

本時の目標	二等辺三角形，正三角形の意味を説明することができる。

教師の働きかけ（■）と子どもの反応（○）	留意点（□）・評価（◎）
■絵と問題文を提示し，絵を配付する。 ■「知りたいことはありますか？」と尋ね，ストローの色に注目させる。 ■ 子どもとのやりとりから，3色のストローであり，長さも3種類あることを知らせる。　　　　　　　　Point ❶ ■答えを予想させる。 ■仲間はずれが，1つではないかもしれないこと，理由を考えることを知らせ，課題を設定する。	□「三角形」「辺」「等しい」といった用語を確認する。

なかまはずれを見つけて，理由を説明しよう。

教師の働きかけ（■）と子どもの反応（○）	留意点（□）・評価（◎）
■個人思考の時間をとり，机間指導する。答えが何通りかあることをつぶやき，子どもの思考を広げる。 ■2つの分け方を説明させ，同じ考えの子どもを挙手で確認する。	□必ず仲間はずれの理由を書かせる。 ◎ノート，発言 □状況に応じて，大きさや向きは関係ないことを確認する。

（その1） おがなかまはずれ。 理由 辺の長さが全部違うから。	（その2） いとえがなかまはずれ。 理由 辺の長さが全部等しいから。

教師の働きかけ（■）と子どもの反応（○）	留意点（□）・評価（◎）
■「3つに分けた人がいました」と言って，3つに分ける分け方を考えさせる。　　　　　　　　　　　Point ❷ ○あうといえとおの3つに分けられる。 ■辺に注目すると3つに分けられることを確認し，「3つの辺の長さが等しい→正三角形」「2つの辺の長さが等しい→二等辺三角形」ということを知らせる。 ■正三角形や二等辺三角形の意味をノートに書かせ，確認問題でペアトークさせる。	□あうといえとおの3つに分けたものはあえて，取り上げない。 □辺の長さが等しいときにつける印を教える。 ◎ノート・発言

実践事例48　3年　三角形　*123*

3 年　小　数　〔1時間目〕

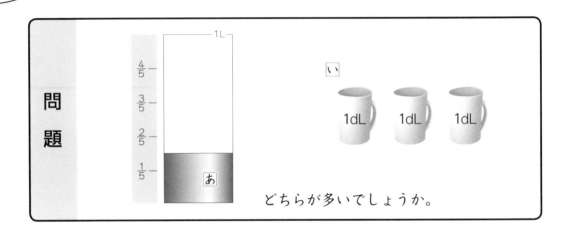

どちらが多いでしょうか。

　本単元では，端数部分の大きさを表す数として小数をはじめて学習します。教科書では分数を先に学習していることを踏まえるとともに，液量を扱うことでL，dLの関係と結びつけて理解することができるようにしています。

Point ❶　十進位取り記数法の仕組みに気づけるようにする

　本単元では，分数（一つ分を任意に変化させられる）と小数（十進位取り記数法の考え）の違いに気づけるようにすることが大切です。かさが$\frac{1}{5}$Lと$\frac{2}{5}$Lの中間である図だけでは，「1を10等分する」というアイデアにつながることが難しいため，本問題ではdLを登場させ，「dLとは，1Lを10等分した1つ分」であることを想起する場面を設けています。

Point ❷　既習との結びつきや小数のよさに着目できるようにする

　10等分することによって分数，整数，長さ（ものさし）などとの関連が見えやすくなり，扱いやすい数となったことを子どもと共有していくことで，「小数」という新たな表し方もスムーズに導入できると考えます。また，「○L○dL」という複名数の表し方から，「〇.〇L」という単名数の表し方が可能になるなど，小数のよさに目が向くようにしていくことも本時の重要な視点です。

本時の目標	小数の意味と表し方，「小数」「整数」の用語を知り，小数を用いて表すことができる。

教師の働きかけ（■）と子どもの反応（○）	留意点（□）・評価（◎）
■あ，いの順に図を提示する。 ■どちらが多いと思うか，予想を挙手させる。 　○あかな，いかな。同じくらいかな。 　○いは３dLだから，あを調べたらいいね。 ■課題を板書する。　　　　　　　　　**Point❶** 　　　　あの水のかさの表し方を説明しよう。 ■ノートに自分の考えを書きましょう。 ■机間指導で，子どもの考えを把握し，取り上げる考えと順番を構想する。 ■みんなで考えていきましょう。　　　**Point❷** 　○ものさしを使って調べたら，$\frac{1}{5}$Lと$\frac{2}{5}$Lのちょうど中間だったね。 　○ちょうど中間に目盛りを書いていったら，10個の目盛りになったよ。 　○１Lを10等分したことになるから，分数の目盛りが，$\frac{1}{10}$L，$\frac{2}{10}$L，…と，分母が10になるね。 　○１Lを10等分したものの３個分だから，$\frac{3}{10}$Lということだね。 　○３dLも１Lを10等分したものの３個分だから，あといは同じかさだったね。 ■３dL，$\frac{3}{10}$Lのほかに，このかさの表し方があります。このような数字（0.3L）を見たことがありますか。 ■教科書を開かせ，書き方「0.1L」と読み方「れい点１リットル」を確認する。 　○0.1Lの３個分で，0.3Lというんだね。 ■用語「整数」「小数」を確認し，整数と小数を組み合わせた数の書き方，読み方を確認する。 ■教科書の練習問題に取り組ませる。	□個人思考の前にカードを配り，ノートに貼らせる。 □教科書は開かない。 ◎ノート ◎発言 □色チョークで線やキーワードを加えてまとめにつなげる。 □教科書を開く。 ◎ノート

実践事例 49　3年　小数　　**125**

実践事例 50　3年　かけ算の筆算(2)　〔1時間目〕

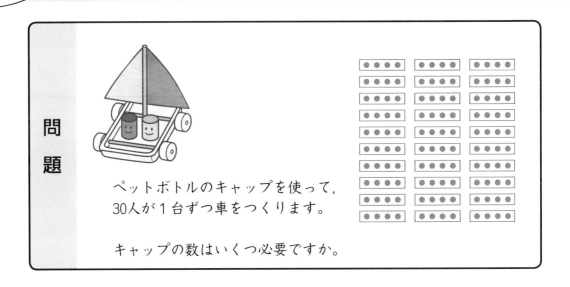

問題

ペットボトルのキャップを使って、30人が1台ずつ車をつくります。

キャップの数はいくつ必要ですか。

　かけ算の筆算(1)では、乗数が1位数の場合の乗法について学びました。本単元では、乗数が2位数の計算について学びます。本時は単元の導入で、1位数×何十の計算を学習します。

Point ❶　イラストを提示し、いくつかの式を考えさせる

　問題文で4という数字があると、4×30の式だけを連想させてしまいます。そこで、車のイラストを用いて問題を提示しました。既習の何十×1位数や2位数×10など、様々な式を引き出したいと考えました。

Point ❷　図を提示し、「10」を意識させる

　何十×1位数や2位数×10のいずれの式も、10がもとになっています。教科書の図を90°回転させ、10を縦に並べました。そうすることで、より「10」を意識しやすくなると考えます。

Point ❸　重要な語句を再確認し、まとめを行う

　図を提示することで、40×3や12×10などを立式させます。12×10は4×3×10となるので、どちらも4×3の10倍といえます。2つの共通点から、1位数×何十の計算は、1位数×何の10倍であるとまとめます。答えを求める過程で得た「10倍」を強調し、まとめを行います。

本時の目標	1位数×何十の計算の仕方を説明することができる。

教師の働きかけ(■)と子どもの反応(○)	留意点(□)・評価(◎)
■問題文を板書し，イラストと図を掲示する。 ■立式させる。　 　○4が30個あるから，4×30だね。 　○ほかにも式ができそうだね。 　○求めやすい計算の仕方を見つけたよ。 　　　　4×30以外に式はないかな。考えてみよう。 ■ノートに自分の考えを記入させる。 　○4が縦に10個あるよ。　　　　　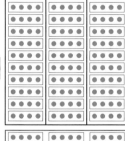 ■みんなで考えてみよう。 　○4が縦に10個あるから 　　4×10×3だね。 　　⇒40×3＝120 　○4が3個で12だね。 　　12が10個あるから 　　4×3×10だね。　　　　　　　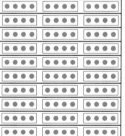 　　⇒12×10＝120 ■立てた式で共通していることはないかな。 　○どちらも，4×3に10倍しているね。 　○縦に10個並んでいるから10倍なんだね。 　○4×30の答えは4×3の答えの10倍だね。 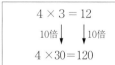 ■教科書の練習問題に取り組ませ，答えの求め方をペアトークさせる。 　○3×20の答えは，3×2の答えを10倍すればいいね。	□イラストを見て考えさせる。 ◎ノート □図を見て求めやすい計算の仕方がないか考えさせる。 ◎発言 □10倍を確認し，まとめにつなげる。 □図と式の「10」を関連づけ，「10」を強調する。 □答えだけではなく，計算の仕方を発言させる。 ◎ノート・発言

実践事例 51

3 年

□を使った式と図　〔1時間目〕

問題　はこの中のボールの数は，どちらが多いでしょう。

　教科書では2人の買い物場面に注目し，未知数が含まれない，含まれる，それぞれの場合を順番に扱います。未知数が含まれない計算は既習内容であることを踏まえ，あえて同時に2つの場面を提示することで，子どもから未知数にかかわる言葉を引き出したり，その言葉を手がかりにして課題を設定したりすることが可能になります。

Point ❶　比較を通して□を用いる意味を考える

　ゆかさんの場合は，全体の個数を求める式に表しやすいのに対し，まなぶさんの場合は「困った」を感じる子どもが多いと予想されます。2人を比較し，まなぶさんの場合は全体の個数を求める式に表しにくい理由を明らかにすることで，子どもに□を用いる目的や必要感をもたせることができます。また，「困った」を生かすことで，ただ教師が□の説明をした場合に比べて，□を用いる意味の理解が深まります。

Point ❷　集団解決で図と式，言葉を関連づける

　子どもから線分図を用いる考えが出されない場合もあります。その場合は，教師から提示して，本時の解決に役立てます。集団解決では，それぞれの考えを関連づけ，理解を深めることをねらいます。
【子どもの考えを関連づける発問例】
・(その1に対して) 図のどこに11をあてはめたの？
・(図の一部を指して) ここは，式のどこのこと？
・「全部で」なのにひき算なの？　図のどこの数をひいたの？

本時の目標	加法・減法の場合において，未知数を□として表したり，□にあてはまる数を求めたりすることができる。

教師の働きかけ(■)と子どもの反応(○)	留意点(□)・評価(◎)

■図を黒板に提示する。子どもにはカードを配り，ノートに貼らせる。

■問題文「はこの中のボールの数は，どちらが多いでしょう。」を板書し，ノートに書くように促す。

■直感で予想させる。

□数に注目することをねらいとし，予想の理由などは問わない。

■「式に表しやすいのはどっちかな？」と問いかけ，ゆかさんの全体の個数を式に表す。
　○（式）12＋4＝16　（答え）全部で16個

■まなぶさんは式にしにくい理由を尋ねる。　**Point❶**

■わからない数を□で表すことを示す。□の式に表せるかやり取りして，課題を設定する。

□課題を板書する。

　□を使った式に表して，はこの中の個数を求めよう。

■まなぶさんについてわかっている数値を確かめ，□を使った式を作る。
　○（式）□＋13＝25

□ゆかさんの式をもとに，言葉の式を作るなどの手だてをとる。

■□にあてはまる数を求めよう。　**Point❷**
　○（その1）　□に数をあてはめていく。
　　　11をあてはめたら　11＋13＝24　×
　　　12をあてはめたら　12＋13＝25　○
　○（その2）　図に表す。

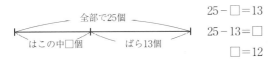

　　　　　　　25－□＝13
　　　　　　　25－13＝□
　　　　　　　　　□＝12

□5分時間をとり，途中で数名に板書させる。
◎ノート・発言

□（その2）の考えが出ないときは，教師が線分図を提示する。

■わからない数があっても□を使うと，式に表して考えられるね。

■教科書の確認問題を行わせ，減法を用いる場面でも□を使った式で表せることを確かめる。

■教科書の練習問題に取り組ませ，ペアトークで確認させる。

□色チョークで□を説明した部分を強調し，まとめにつなげる。
◎ノート・発言

◎ノート・発表

3 年 そろばん 〔1時間目〕

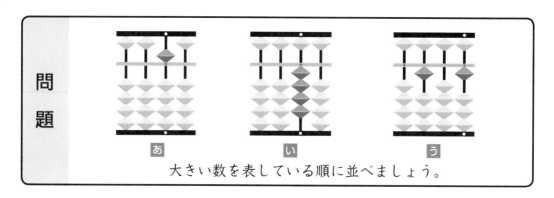

大きい数を表している順に並べましょう。

　教科書では，そろばんの各部分の名称の説明，定位点が「一の位」を表すことや，「一だま」，「五だま」の意味について先に説明をする展開となっています。本時では，子どもがそろばんを目にしたときの気づきや発見を引き出しながら，必要に応じて知識を教えていくことができるよう問題を工夫しました。

Point ❶ 多様な気づきや疑問を引き出す問題設定を

　本時でそろばんをはじめて目にする子どもも多いことでしょう。子どもがそろばんに興味をもち，進んでかかわっていくような問題設定が必要です。そこで，3つのそろばんを比較する問題を提示することにより，「玉を動かすことで数の大きさを表しているのではないか」「1列の玉を全部動かすと『5』になるのかな」「1つ玉を動かしても，『1』を表すとはかぎらないのではないか」「小さな点の意味はなんだろう」などという気づきや疑問を引き出し，主体的に問題にかかわる子どもの姿を実現していくことをねらいました。

Point ❷ 子どもの気づきや疑問が生きるタイミングで「教える」

　そろばんの仕組みすべてについて子どもが発見していくことはできません。教えるべきことはしっかりと教えるという姿勢が大切です。しかし，教師の説明のみに終始しては，主体的な学びにはなりません。そこで，子どもの「どうして上の玉と下の玉があるのかな」「玉によって数の大きさが違うのかな」などの気づきや疑問を引き出しながら，それに答えるように教えていくことで，子どもが自ら仕組みを「発見した」という感覚をもつことができるのではないでしょうか。

本時の目標	そろばんを用いて，数を表すことができる。

教師の働きかけ（■）と子どもの反応（○）	留意点（□）・評価（◎）
■問題の場面について予想する。　　　　　　　　**Point ❶** 　○一番たくさんの玉が動いているのは **い** だよね。 　○ **い** は，「４」を表しているのかな？ 　○ **あ** は，１つしか玉が動いていないから，「１」なのかな？ 　○では，１列の全部の玉を動かすと「５」になるということかな？ 　○黒いふちにある小さな点は何だろう？	□問題場面を生かし，子どもの気づきを数多く引き出すようにかかわる。
■「定位点」をもとにして「一の位」「十の位」などが決まることや， 「はり」などの名称を教える。　　　　　　　**Point ❷** 　○一列全部の玉を動かしても「５」にしかならないのはおかしいね。 　○もしかすると，「はり」の上の玉は，「５」を表しているのかな？	□子どもの気づきやつぶやきを生かし，定位点の存在や，上下の玉の違いに気づいた段階で教えるようにする。
■「五だま」「一だま」の意味や，数を「入れる」「はらう」やり方について教える。 　○そういう仕組みだったんだね！　じゃあ，ぼくたちもそろばんの数を読めそうだよ！	
３つのそろばんの数を読み，大きい順に並べよう。	
■自分の考えをノートにメモしましょう。	◎ノート
■みんなで確認しましょう。 　○ **あ** は，定位点が一の位で「五だま」が１つ入っているから「５」を表している。 　○ **い** は，定位点が一の位で「一だま」が４つ入っているから，「４」を表している。 　○ **う** は，一の位に「一だま」が１つ，百の位に「一だま」が１つ入っているから，「101」を表している。 　○正しい大きさの順序がわかったね。	◎発言
■定位点の右側に玉が入っているそろばんの絵について考える。 　○一の位の右ということは，一の位より小さい位を表しているのかな？ 　○「$\frac{1}{10}$の位」を表しているんじゃないかな？ 　○「十のまとまり」ができたら次の位に進むのは，今までの学習と同じ仕組みだね。	□定位点の右の位が「$\frac{1}{10}$の位」であると判断した理由を問い，十進位取り記数法にかかわる考えを引き出す。 ◎発言
■教科書の練習問題の数を実際に入れてみましょう。	□教科書を開く。◎観察

実践事例52　3年　そろばん　**131**

4 年
大きな数　〔1時間目〕

問題

どちらが大きいですか。
ア　13159388
イ　128057352

　整数については，3年生までに1億までの数について学んでいます。本単元では，整数の範囲をさらに拡張し，億や兆などの大きな数について学び，命数法や十進位取り記数法の仕組みなどを学びます。

Point ❶　桁数が同じように見せかけ，注目させる

　本時では1億より大きい数について学びます。問題は，桁数の異なる2つの数の両端をそろえて提示しました。桁数が同じであるかのように見せることで，桁数が同じだったら大きい位の数から比べたらいいとして，アが大きいと予想する子がいると考えました。考え方については認め，どのようにしたら比べられるかを考えさせ，桁数に注目させます。

Point ❷　どうして大きいか尋ね，十進位取り記数法の仕組みについて考える

　イの方が大きいという考えに対して理由を尋ね，アよりイの桁数が大きいという発言から，イが千万よりも大きい位の数であることを確認します。既習の大きな数の学習を振り返り，十進位取り記数法の仕組みについて統合的に考えていくことが重要です。

Point ❸　定着を図るために継続した指導を

　「128057352」の十万の位は0です。漢数字では0がないので，何も表記せずに空位を表します。この違いから，子どもたちは空位を難しく感じてしまいます。数の範囲を拡張して学ぶ単元では，そのつど，空位について確認するなど，子どもたちにとって難しい内容を継続して取り扱い，定着を図っていきます。

本時の目標	1億より大きい数を読んだり，表したりできる。

教師の働きかけ(■)と子どもの反応(○)	留意点(□)・評価(◎)
■問題文を板書する。 　どちらが大きいですか。 　ア　13159388 　イ　128057352 ■答えを予想させる。　　　　　　　　**Point ❶** 　○桁数が同じときは1番大きい位から比べたらいいね。 　どちらが大きいか説明しよう。 ■どのように比べたらいいか考えてみよう。 　○アとイどちらも1番大きい位の数は1だけど，次に大きい位は2と3だから，アが大きいよ。 　○桁数が同じになっていないよ。 ■みんなで考えよう。　　　　　　　　**Point ❷** 　○両端は揃っているけど，桁の数が違うね。 　○アは，千三百十五万九千三百八十八だね。 　○イは，アより位が1つ大きいね。 ■128057352はどんな数かな。　　**Point ❸** 　○1は一億を表しているよ。 　○一億と二千八百五万七千三百五十二を合わせた数だね。 　○千万を10倍した数が一億だね。 　○0のある十万の位の数は読まないね。 ■本時を振り返り，1億より大きい数についてまとめる。 　○一億二千八百五万七千三百五十二と読むんだね。 　○千万の次の位は，一億というんだね。 ■一億より大きい数を読んだり，書いたりさせる。 　A国　193947000人 　B国　三億二千九十一万四千人	□直感で予想させる。 □予想を発言させ，意見が分かれたところで，課題を提示する。 □桁数が「同じ」や「大きい」という発言に対して本当かどうか問いかける。 □イが大きいと考える理由を述べさせ，桁数に注目させる。 □漢数字には0がないことを確認する。 □数字や漢数字で記述させる。 ◎ノート・発言

実践事例53　4年　大きな数　**133**

実践事例 54

4 年

わり算の筆算 (1) 〔1時間目〕

問題

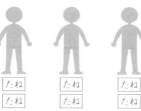

60個のヘチマの種を，3人で同じ数ずつ分けます。

$\boxed{2} \times 3 = 6$

$6 \div 3 = \boxed{2}$ ？

正しいですか？

　教科書では，問題文をもとに立式させたあと，「その式になるわけを言ってみよう」と問い，図や式を用いた説明を促しています。本時では，そのような教科書の提示を生かし，問題文とともに，種1袋が10のまとまりであることを隠した絵図を提示する工夫をしています。

Point ❶　図や式をかいて正答を確かめる必要感を

　問題場面では，種1袋が10のまとまりであることを隠した提示を行うことから，商が「2」で正しいかどうかを確かめる必要感を生み出します。そのことから，「図を正しくかき直そう」「6袋の種を分けると，1人分は2袋になるが，本当は60個と数えなくてはいけない」「そうなると，かけ算の式も20×3＝60となるね」「6÷3と考えたとしても，商には『0』をつけて『20』にしなくてはいけないね」などと，子どもが図や式を用いて主体的に考える姿が期待できます。

Point ❷　図と式を結びつける問い返しを

　「60÷3＝20」「20×3＝60から，商は20」などという正答が出ると，「正解ですね」とそのまま授業を進めてしまいたくなります。しかし，「20×3＝60は，図の中にありますか」「なぜ商は6÷3の商に0をつけた数になるのですか」と問い返すことで，「1つ分」×「いくつ分」の関係や，「0をつけるのは，10のまとまりの2つ分と考えるからだ」などと，図と式を結びつけた考えが引き出され，深い学びにつながっていきます。

本時の目標	2位数÷1位数＝2位数であまりがない場合のわり算の仕方を，図や式などを用いて説明することができる。

教師の働きかけ(■)と子どもの反応(○)	留意点(□)・評価(◎)
■問題の場面について話し合う。　　　　　　　**Point ❶** 　○ 2 ×3＝6はおかしいんじゃないかな。 　○6÷3のお話ではないと思うな。 　○この絵も，おかしなところがあるよ。 　○正しいようにも見えるけれど，このままじゃだめなんじゃないかな。 　　　　この絵は正しい？　間違い？　わけを説明しよう。 ■ノートに自分の考えを書いてみよう。 ■机間指導で，子どもの考えを把握し，取り上げる考えと順序を構想する。 　○絵をかいてみたよ。種は，1袋が10個分なのに，かき忘れているんだ。1人分は20個が正しいよ。 　○式を直してみたよ。 　○「6÷3＝2」の商に，「0」をつけ忘れたんだよ。おしいなあ。 ■みんなで考えていきましょう。　　　　　　**Point ❷** 　○ 20 ×3＝60が正しいかけ算の式だよ。 　　絵を見ると，「1つ分」は2ではなくて20だから間違いない。 　○□の中に，20を入れるのは暗算では難しいなあ。 　○6÷3と考えて，あとで「0」をつければ簡単だよ。 　○6÷3－2の「6」は「10の6つ分」，「2」は「10の2つ分」と考えれば，60÷3と同じことだよ。 　○6÷3＝2の「2」は，本当は「10の2つ分」だから，あとで10倍すればいいね。 ■本当にいつでも10倍すればいいのかな？ 　○600÷3の場合は，「100が6つ分」と考えて，「6÷3＝2」の「2」を100倍しなければいけないね。 　○「10のいくつ分」「100のいくつ分」という考え方が大切だね。 ■練習問題をやってみましょう。 　○80÷4，40÷2，90÷3，120÷4の計算の仕方をペアトークする。	 ◎ノート □「20×3＝60」が，図の中にあるかどうかを問い，「1つ分」×「いくつ分」＝「全部の数」になっていることや，「20」が商になっていることを確認する。 □「6÷3」の商になぜ「0」をつけるのかを問い，「10のいくつ分」かを確認して，単位の考えを引き出す。 ◎発言 ◎ノート，発言

実践事例54　4年　わり算の筆算 (1)　**135**

4年 折れ線グラフ 〔1時間目〕

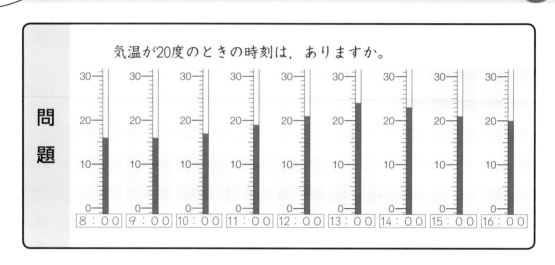

気温が20度のときの時刻は、ありますか。

問題

折れ線グラフの導入は，教科書と同様に温度計（棒グラフ）から折れ線グラフへの流れで行います。温度計から自然に折れ線グラフへとつながるように，20度のときの時刻を問いました。16：00を見ると，答えは「ある」になります。続けて「16：00だけですか？」と問うことで，子どもたちの思考を促します。

時刻と気温の「変化」に注目させ，大きさを扱う棒グラフとの違いを明確にします。時刻と気温の変化の様子をわかりやすく表すにはどうしたらよいかを考えさせていきます。

Point ❶ 必要感をもたせてから折れ線グラフを見せる

棒グラフでは表せないことを折れ線で表していることに気づかせる必要があります。そのために，時刻も気温も連続量として変化していることを確認します。温度計で示された温度と時刻の「間」に目を向けさせることで，子どもたちに折れ線グラフの必要感をもたせます。

Point ❷ 子どもの気づきを生かして，グラフの見方とよさを確認する

本時では，折れ線グラフを読む練習として，「温度計ではわからなかったこと」を見つける活動に取り組ませます。最初は，時刻と気温に目を向けますが，徐々に変化に注目する子どもが出てきます。グラフの傾きによる変化の見方を最後に取り上げ，折れ線グラフのよさを確認して，次時の学習へとつなげます。

本時の目標	折れ線グラフを読むことができる。

教師の働きかけ(■)と子どもの反応(○)	留意点(□)・評価(◎)
■温度計の絵を提示し，問題文を板書する。	□絵と問題文を印刷したものを配付する。
■答えを尋ねる。 　○16：00が20度。	
■「16：00だけですか？」と問い，揺さぶる。　**Point❶** 　○ほかにもありそうだ。 　○11：00と12：00の間くらいじゃない。	□時刻と気温は，温度計で表されているときだけではなく，変化していることに気づかせる。
■2つの温度計を指差し，「この間にもあるということ？」と言って，温度計の先端を線で結ぶ。	□子どもたちのうなずく反応を見ながら，折れ線グラフを提示する。
■折れ線グラフを提示し，名前を教える。	□印刷した折れ線グラフを配付する。
■「20度の時刻がほかにもあるかな？」と言って課題を設定する。	
折れ線グラフを調べよう。	
■折れ線グラフを見て，20度の時刻があるか探させる。	□20度に赤ペンで印をつけさせる。
■指名し，黒板に貼ってある折れ線グラフの20度を指で押さえさせる。	◎ノート
■合っているかを全体に問いかけ，確かめ方を尋ねる。 　○たてが気温を表していて，横が時刻を表しているので，11：00と12：00の間で20度になっている。	□数人に言わせて，確認する。
■縦軸，横軸という用語と，それぞれが表していることを確認する。	
■「ほかにも，温度計ではわからなかったことがあるかな？」と問いかけ，折れ線グラフを見てわかることを発表させる。　**Point❷**	□発表したことが正しいか，全員で確認する。
■温度計の絵と比較し，折れ線グラフは変化の様子がわかりやすいことを確認する。	◎ノート・発言
■教科書の練習問題に取り組ませる。	

実践事例 55　4年　折れ線グラフ　**137**

実践事例 56

4 年

がい数　　　〔1時間目〕

問題

1億年前や3万9000㍍は正確なのでしょうか。

　教科書に載っている新聞の中から数字を見つけ，概数が使われる場面に気づかせたいと考えました。新聞にはたくさんの数字が出てきますが，ここでは，1億年前と高度3万9000㍍を取り上げます。それは，どちらも正確な数値ではないことが容易にわかるからです。子どもたちの「違う！」という声を受ける流れで授業をスタートしようと考えました。

Point ❶　子どもの「違う！」に続く「だって…」を引き出す

　問題を提示すると，子どもたちから「違う！」という声が上がることが十分予想されます。その声を受けて，「どうして？」と教師が問えば，子どもたちは「だって…」と語り始めるはずです。この「だって」に続く言葉に，本時の目標に迫る考えがひそんでいます。

Point ❷　子どもの手だてにつながる教師のつぶやきを

　机間指導で，困っている子どもにつきっきりにはなれません。それよりも，「正確には何年なの？」「ぴったり何㍍なの？」と教師がつぶやくことで，考えが停滞している子どもの手だてとします。このつぶやきは，考えついている子どもにとっても背中を押すことになります。正確にはわからないのですから。

Point ❸　子どもたちの気づきを生かしたまとめに

　概数が用いられる場面をまとめとして一般化しても，子どもたちに理解されるでしょうか。一般化ではなく，子どもたちに概数が使われそうな場面を考えさえ，たくさん例示することで，概数が用いられる場面を知ることができるのではないかと考えました。

本時の目標	概数が用いられる場面に気づき，「概数」の用語を知る。

教師の働きかけ（■）と子どもの反応（○）	留意点（□）・評価（◎）
■教科書を拡大したものを提示する。 1億年前や3万9000㍍は正確なのでしょうか。 高度3万9000㍍　9分9秒のドラマ	□教科書の中から数字を探させる。
■問題文「1億年前や3万9000㍍は正確なのでしょうか。」を板書し，ノートに書くよう促す。	
■予想を尋ね，「正確ではない」という声をもとに，課題を設定する。　Point❶	□教師は「どうして？」と問うが，答えは流す。
およその数で表している理由を考えよう。	
■自分なりの考えをノートに書かせる。	□必ず何か書くように促す。
■机間指導で，「正確には何年前なの？」や「ぴったり何㍍なの？」とつぶやき，考えが停滞している子どもの手だてとする。　Point❷	◎ノート
■みんなの考えを教えてください。 　○正確には調べられないから。 　○およそがわかればいいから。　　など	□子どもの考えのキーワードを板書し，まとめにつなげる。 ◎発言
■「正確に調べられない場合」や「およそがわかればよい場合」がどんな場合かを考えさせ，発表させる。　Point❸	□誤答も含め多くの例について，みんなで正誤を検討する。 ◎発言
■およその数のことを「がい数」ということ，およそのことを「約」ともいうことを教科書で確認する。	□教科書を開く。
■正確な数とがい数が使われる場合を考える「たしかめ1」を扱い，ペアトークさせる。	◎ノート，発言

実践事例56　4年　がい数　**139**

実践事例 57

4 年 わり算の筆算 (2) 〔1時間目〕

問題

80個の種を，20個ずつ分けると，何人に分けられるでしょうか。 80÷20＝40

正しいでしょうか？

　教科書では，80÷20の立式を行ったあと，「計算の仕方を考えましょう」と，図などを用いて説明することを促しています。本問題では，「わり算の筆算(1)」の学習で，「80÷2＝40」とした経験から，80÷20についても同様に商を40と考える誤答を提示しました。

Point ❶　「ずれ」を含む問題提示で，解決への必要感を

　一見正しそうな「80÷20＝40」の式を提示すると同時に，10のカードを8枚見せることにより，正答の「4」と誤答の「40」という「ずれ」が生まれます。「自分なら正しく絵をかいて分けることができる」「計算すれば正しい商が出せそうだ」と，図や式を用いて解決しようとしていく子どもの姿が期待できます。

Point ❷　式と図を結びつけて説明できるように

　図をかいて4人に分けられることを明らかにしたり，「80÷20＝4」「20×4＝80」という式から商が4であることを導き出したりした段階では，数や式の意味を理解することが重要です。「20は図の中にあるのかな」「4とは何のことかな」などと数の意味を問うことで，「1つ分×いくつ分」という言葉の式を用い，図を根拠にして説明する子どもの姿を引き出していきます。さらに，「80÷20」と「8÷2」の商が等しい根拠についても，図の中にある「8」や「2」を見つけることを促すことで，「10が8つあるということ」「10の2つ分を分けたと考える」といった確かな理解につながっていくはずです。

本時の目標	何十÷何十，何百何十÷何十のわり算の仕方を，10をもとにして考え，説明することができる。

教師の働きかけ（■）と子どもの反応（○）	留意点（□）・評価（◎）
■問題の場面について話し合う。　**Point ❶** ○80÷2のときも，商は40だったから，同じように40でいいんじゃないかな。 ○80÷20は，8÷2の商に0をつけると思うよ。だから商は40じゃないかな。 ○商が40ということは，40人に分けられるということ？　それは無理じゃないかな？ ○絵や図，式を使って正しい答えを出してみようよ。 〔「80÷20＝40」は正しいといえる？　いえない？ わけを説明しよう。〕 ■自分の考えを，ノートに書いてみよう。 ○図をかいて考えると，40人でなく，4人に分けられることがわかったよ。 ○今までのわり算と同じように計算すると，20×④＝80というかけ算の式になるから，商は4だと思うな。 ■みんなで考えていきましょう。　**Point ❷** ○80÷20＝4が正しいようだよ。 ○20×④＝80という式の意味は，絵を見るとわかるよ。 ○20（1つ分）×④（いくつ分）＝80（全部の数）になっているから，やはり商は4だね。 ○8÷2＝4と，同じ答えになるのはおかしいんじゃないかな？ ○「80」は十円玉が8つ分，「20」は十円玉が2つ分と考えれば，8÷2と同じことだね。 ○それなら，かけ算九九で解決できるね。 ■この方法は，いつでも使えるのかな？ ○60÷30の商は，6÷3と同じになるね。 ○180÷30の商も，18÷3と同じになるね。間違いないようだ。 ■教科書の練習問題をやってみましょう。	□問題の場面と同時に⑩のカードを8枚見せ，20ずつ分けるイメージをもたせる。 ◎ノート ◎発言 □「80÷20＝4」「20×4＝80」などという式を用いた考えに対し，「20はどこにあるの？」などと数の意味を問い，図と結びつけて説明できるようにする。 □「8÷2と商が同じになるのは変ではないか」「8や2は図の中にあるのか」を問い，「10のいくつ分」をもとに考える姿を引き出す。 □教科書を開く。 ◎ノート

実践事例57　4年　わり算の筆算（2）　**141**

実践事例 58

4 年

式と計算　〔1時間目〕

| 問題 | 500円玉を持って買い物に行きました。230円のパンと150円のジュースを1つずつ買うと，お金は何円残るでしょうか。 | | 500－230＋150
 正しいでしょうか？ |

　教科書では，「先にたしてからひく考え」「1つずつひいていく考え」を示し，買い方の違いを説明させる展開となっています。本時では，提示する式を誤答に変え，正しいかどうかを判断させることにより，多くの子どもが自分の考えを表現できるようにしました。

Point ❶　1人の子どもの考えを多くの子どもに説明させる

　本時では，式を1つにまとめたり，2つに分けて考えたりする子ども，代金を先に計算したり，1つずつひいていったりする子どもなど，多くの考えが出ることが期待されます。しかし，立式ができ，答えを求めることができた段階で先に進んでしまうと，子どもの考えを十分に深めることができません。「この式はどういう意味だろう」などと問い，言葉の式をつくったり，買い物の仕方を説明させたりすることにより，それぞれの式の共通点や相違点を明確にすることができます。また，「この人はどのように考えたのだろう」などと，考えを別の子どもに説明させることも重要です。

Point ❷　共通点，相違点を問い，考えを比較することでねらいに迫る

　せっかく様々な考えが出されても，「どの方法でも答えが出せる」といった終末になってしまっては，ねらいに迫ることができません。「これらの考えに，似たところはあるかな」「違いはあるかな」などと問うことにより，アの方法の場合は，そのままでは式を1つにまとめることができないことが明確になります。このような教師のかかわりから，「どうやったら式を1つにできるかな」という子どもの問いが生まれ，（　　　）を用いる必要感をもつことができます。

本時の目標	言葉の式をもとに，問題場面を（　）を用いて１つの式に表すことができる。

教師の働きかけ(■)と子どもの反応(○)	留意点(□)・評価(◎)
■問題の場面について話し合う。 　○初めの500円があって，そこから230円と150円をたしたものをひくんだから，正しいんじゃないかな。 　○計算してみたらどんな答えになるのかな？ 　○残るお金は400円くらい？　本当かな？ 　　　　　　この式は正しい？　間違い？　わけを説明しよう。 ■ノートに自分の考えを書いてみよう。 　○計算してみたら，420円になったよ。こんなに残るわけがないから間違いだよ。 　○たし算を先に計算したら，残りが120円になったよ。これが正しいんじゃないかな。 　　　ア：230＋150＝380 　　　　　500－380＝120 　○「たす」というのが間違いのもとだよ。どんどんひいていかないとだめだよ。 　　　イ：500－230＝270　　　　ウ：500－230－150＝120 　　　　　270－150＝120 ■みんなで考えていきましょう。　 　○アのように考えた人は，まず，買ったものの代金を計算して，500円からひいたんだね。 　○イのように考えた人は，500円からまずパンの代金をひき，さらにジュースの代金をひいたんだね。 　○ウのような考えも，イの人と同じだね。 　○代金をたしてからひき算をするのか，１つずつひき算をするのかという違いがあるね。 　○式が２つになるか，１つになるかという違いもあるね。 　○アのやり方は，１つの式に表せないだろうか。 　○「まとめて計算する」という意味の（　）をつければいいんだね。 ■教科書の練習問題をやってみましょう。	◎ノート □子どもから出された考えに対しては，「この人はどのように考えたのだろう」などと問い返し，式の意味を説明する姿を引き出す。 □様々な式の共通点と相違点を問い，方法の違い，式が１つになっているか否かの違いに着目できるようにする。 ◎発言 □教科書を開く。 □ペアトークを促し，（　）のついた式の計算方法を説明し合わせる。 ◎ノート

実践事例

59

| 4 年 |

がい数を使った計算　〔1時間目〕

問題

次のように，買いたい電化製品の希望があります。
いくつ買えるかをがい数で見積もりました。

第一希望…テレビ　　　　36800円
第二希望…掃除機　　　　54500円
第三希望…洗濯機　　　　18800円
第四希望…空気清浄機　　24900円
第五希望…冷蔵庫　　　　47800円
第六希望…ゲーム機　　　24400円
第七希望…炊飯器　　　　33500円

20万円以上のお買い上げで，ハワイ旅行が当たる抽選くじをプレゼント!!

第七希望まで全部買えそうだ!!

財布には20万円しか入っていないAさん

3万＋5万＋1万＋2万＋4万＋2万＋3万＝20万

抽選くじがほしいBさん

第五希望まで買えば，20万円になりそうね！

4万＋6万＋2万＋3万＋5万＝20万　　　　　　正しいですか？

Point ❶　子どもの予想を覆し，それぞれの見積もり方のよさに気づけるように

　AさんとBさんの買い物の目的と見積もりの方法が合致しないことを明らかにしていく過程で，「四捨五入であれば，このような勘違いは起きないのではないか」という子どもの思いが大きくなってきます。そこで，「四捨五入で見積もると第〇希望まで買えるのか」「実際の代金はいくらか」を検討する時間を取ることで，「四捨五入でも，代金が足りなくなることがあるんだ」という予想に反した驚きの声を子どもから引き出し，「いつでも四捨五入がよいわけではない」「Aさん，Bさんにはこの見積もり方がよい」と説明するなど，ねらいに迫る子どもの姿が期待されます。

Point ❷　「自ら発見した」と感じられるまとめになるような教科書の活用方法

　「Aさん，Bさんにはこのような見積もり方が適している」と子どもが根拠をもって判断した段階で教科書を開き，まとめをすることで，子どもは，「自分たちが見いだしたとおりのことが教科書にも載っている」と感じ，自信をもって練習問題に臨むことができるでしょう。

144　Ⅱ 実践編

本時の目標	切り上げたり，切り捨てたりする仕方が，どのようなときに便利かを考え，説明することができる。

教師の働きかけ（■）と子どもの反応（○）	留意点（□）・評価（◎）
■問題の場面について話し合う。 　○どうして買える電化製品の数が違うんだろう？ 　○そうか，計算しやすいように，がい数を使って見積もりをしたんだね。 　○Aさんは，20万円を超えてしまうんじゃないかなあ？ 　○Bさんは，本当に20万円以上になるかなあ？ 　○「四捨五入」を使えばいいのに…。	□子どもの言葉を生かして課題を板書する。
2人が言っていることは，正しい？　間違い？　わけを説明しよう	
■ノートに自分の考えを書いてみよう。	◎ノート・発言
■机間指導で，子どもの考えを把握し，取り上げる考えと順序を構想する。 　○Aさんは，実際の代金が240700円になるよ。代金を払えないよ。 　○Bさんは，実際の代金が182800円になるよ。20万円以上にはならないね。 　○Aさんは，千の位以下を切り捨てて見積もっているからよくないんだよ。 　○Bさんは，千の位以下を切り上げて見積もっているからよくないんだよ。 　○だから，四捨五入をすれば…。	□Aさん，Bさんの言っていることが正しくないことを明らかにした子どもには，その理由や，違う見積もり方について考えるよう促す。
■みんなで考えていきましょう。　**Point ❶** 　○切り捨てる見積もり方だと，実際の代金よりも安い結果が出るね。Aさんには向かない方法だ。 　○切り上げる見積もり方だと，実際の代金よりも高い結果がでるね。Bさんには向かない方法だ。 　○四捨五入も試してみよう。 　　・4万＋5万＋2万＋2万＋5万＋2万＝20万 　　・でも，実際の代金は，207200円になってしまった。 　○四捨五入をしても，Aさんのような人にとっては足りるかどうかが心配だね。 　○目的に合った見積もり方を選ぶことが大切なんだね。 ■教科書の練習問題をやってみましょう。　**Point ❷**	□四捨五入で見積もった代金と，実際の代金を比較させ，いつでも四捨五入を用いた見積もり方が有効とはいえないことに気づかせる。 ◎ノート・発言 □教科書を開き，まとめを確認する。

実践事例59　4年　がい数を使った計算　**145**

4 年　面　積　〔1時間目〕

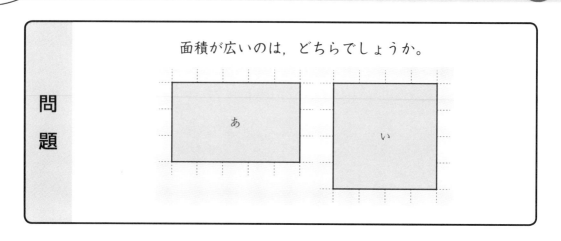

問題：面積が広いのは，どちらでしょうか。

　教科書と同じ面積の図を使いますが，「周りの長さで考える」「同じ大きさに分ける」考え方が出やすいように，周囲に目盛りの線を入れました。

Point ❶　教えることは，子どもの思いにつなげて躊躇せずに教える

　用語などの教えなければわからないことは，躊躇せずに教えます。本時は，単元の1時間目ですが，あえて問題文に「面積」という言葉を使いました。このことで，子どもたちが注目し，意識に残る言葉となるからです。ただ，子どもたちから「面積って何？」という声を引き出し，少しもったいぶって「広さのことを面積という」と伝えます。子どもの「知りたい」に教師が答える流れにすることで，少なからず，いきなり教師が「お下げ渡し」するよりも印象に残り，知識として持続されるのではないでしょうか。

Point ❷　考えを取り上げる順番を構想し，ねらいに迫る

　本時のねらいに迫る集団解決の正否は，考えを取り上げる順番にかかっているといっても過言ではありません。基本的には，考えがより洗練される方向で取り上げていきます。今回は，あえて「周長の誤答」から取り上げていきます。既習の量である長さによる比較を強調し，面積は周長では比べられないという理解を確かなものにしたいからです。そして，周長では比較できないことから，単位面積のいくつ分かを調べる必要感に迫っていこうと考えました。

本時の目標	面積の意味や比べ方に気づき，説明できる。

教師の働きかけ(■)と子どもの反応(○)	留意点(□)・評価(◎)

■図を黒板に提示する。子どもにはカードを配り，ノートに貼らせる。

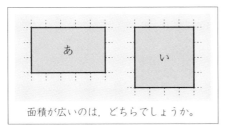

面積が広いのは，どちらでしょうか。

■問題文「面積が広いのは，どちらでしょうか。」を板書しながら，「広さのことを面積という」ことを確認する。 Point❶

■答えを予想させ，「どうすればわかるかな？」と投げかけ，本時の課題を板書する。

□子どもの言葉を生かして課題を板書する。

　　　　　　　面積のくらべ方を考えよう。

■机間指導で，「周りの長さで比べている子」「切って重ねている子」「同じ大きさに分けている子」に話しかけ，そのやりとりを通して，考えが停滞している子どもの手だてとする。 Point❷

□プリントは必要に応じて配る。
□5分ほどの時間を取る。

（その1）周りの長さ
　　　　どちらも16cm

（その2）切って重ねる
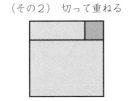

（その3）同じ大きさに分ける
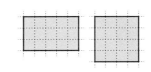

○（その1）だと広さは同じになる？
○（その2）重ねてみるとⓘの方が広い。
○（その3）同じ大きさに分けるとⓘの方が1つ分広い。

□考え方のキーワードを板書し，まとめにつなげる。
◎ノート・発言

■面積は，1辺が1cmの正方形を単位として，その何個分か数で表せることを板書で強調し，教科書で面積の単位などを確認する。

■教科書の練習問題に取り組ませ，ペアで面積の意味を確認し，説明し合わせる。

□教科書を開き，みんなの気づきにつなげて確認する。
◎発言・ノート

実践事例

4 年 整理のしかた 〔1時間目〕

問題

火事調べ

火事の場所	火事の原因	時間帯
住宅	たばこ	昼間
森林	放火	昼間
住宅	ストーブ	昼間
森林	放火	夜間
車	放火	夜間
住宅	たばこ	昼間

Aさん
　火事の場所は「住宅」が多い。
　「住宅」の火事の原因で1番多いのは放火だ。

Bさん
　「昼間」に起きる火事が多い。
　「昼間」の火事の原因で1番多いのは放火だ。

2人の話に，賛成？　それとも　反対？

　教科書では，1週間に起きた学校でのけがの様子を調べた記録を提示しています。本問題では，教科書の趣旨を生かしつつ，AさんとBさんのお話を提示し，子どもが目的意識をもって資料から情報を読み取っていけるようにしています。

Point ❶ 「本当らしく見える誤り」の提示で，調べる必要感を

　表を読んだ2人の誤った話を提示することで，子どもたちに資料を調べる必要性を感じさせていきます。資料を1項目ずつ数えて判断してしまうという「本当らしく見える誤り」を生かし，2つの項目を関連させながら資料を読み取っていく重要性に子どもが気づいていけるようにします。

Point ❷ Bさんのお話を「確認問題」として扱い，定着を図る

　Aさんの話について「落ちや重なり」がないように項目の中のデータをチェックしていくことや，2つの項目を関連させながらデータを読み取っていくことが「大事な点」であると確認します。Bさんの話については，Aさんと同じ考え方で正誤を判断することができるかどうか「確認問題」として扱うことで，資料を調べる考え方の確かな理解を図ることをねらっています。

Point ❸ 2つの項目を数で簡潔に表す方法を考え，次時につなげる

　終末では，2つの項目を関連させながら読み取った事象の数を，これまで学習してきたような表に整理する方法を考えさせることで，2次元表の学習につなげていきます。
　また，教科書の問題を練習問題として扱い，定着を図ります。「『すり傷に気をつけよう』というポスターを『体育館』に貼って効果があるだろうか？」などの問いかけが考えられます。

本時の目標	資料を分類整理するための観点を考え，落ちや重なりがないように調べることができる。

教師の働きかけ（■）と子どもの反応（○）	留意点（□）・評価（◎）
■「火事調べ」の表を提示する。　**Point ❶**	□教科書は開かない。
○本当かなあ？　○調べてみないと…。	□表はカードにして配付し，
○確かに火事の場所は，住宅が多いね。	ノートに貼らせる。
○昼間の火事が多いのもわかるよ。	
○でも，これだけでは判断できないね。	
<div align="center">2人の話が正しいかどうかを調べよう。</div>	
■ノートに自分の考えを書きましょう。	
■机間指導で，子どもの考えを把握し，取り上げる考えと順序を構想する。	◎ノート
■みんなで考えていきましょう。	◎発言
○火事の場所で，一番多いのは住宅だ。	□「火事の原因で一番多い
○原因で一番多いのは，放火だった。	のは放火で間違いない
○でも，「住宅」の火事の原因で，一番多いものを調べるんだよ。	ね？」などと揺さぶり，
○項目を1つずつ数えてもだめだよ。	2つの項目を関連づける
○「住宅」の火事の数をチェックして，その中で一番多い原因を調べる必要があるよ。	考えを引き出す。
○「住宅」の火事の中で一番多い原因は，「たばこ」だったね。2つの項目を見て調べると，正しく判断できるね。	□色チョークで線やキーワードを加えてまとめにつなげる。
■Bさんのお話についても考えてみよう。　**Point ❷**	□Bさんの話も同じ考え方
○「昼間」の火事の原因で1番多いのは「たばこ」だったね。	で正誤を判断できるかを
○「住宅」で「たばこ」が原因の火事の件数，「昼間」の「たばこ」が原因の火事の件数がわかったぞ。	問う。
○ほかにも，「住宅」と「放火」「住宅」と「ストーブ」という組み合わせもあるぞ。数を記録しておこう。	
○2つの項目について調べた件数を，並べて整理していきたいね。	□「1つの項目の事象がい
■火事の場所と原因について，この表（2次元表）に整理してみよう。　**Point ❸**	くつ」という表をかいたことを想起し，比較して考えさせる。
■教科書の練習問題に取り組ませ，表を作成させる。	□教科書を開く。
	◎ノート・発言

実践事例61　4年　整理のしかた　**149**

実践事例 62

4 年

角　　　　〔1時間目〕

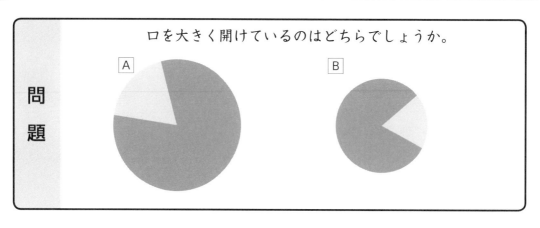

問題：口を大きく開けているのはどちらでしょうか。

教科書では，2色の円を切り取って重ね，いろいろな大きさの角をつくる活動からスタートしています。その教材を生かした問題提示を考えました。

Point ❶　角の大きさを「長さ」ではなく「回転の量」と捉えることができるように

第3学年では，三角定規のかどなど，「1つの頂点から出ている2つの辺が作る形」を「角」と呼ぶことを学習しています。第4学年では，形としての見方に加え，角の大きさという量としての見方を学んでいきます。「大きさ」という言葉からイメージした場合，角の大きさの意味を「回転の量」として捉えることが難しく，長さに着目してしまう子どももいることが考えられます。そこで，問題提示では大きさの違う円を用いたり，教科書の「2つの円を回転させることで角がつくられる教材」を用いたりするなど，角の大きさの意味について正しく理解できるようにしていきたいと考えます。

Point ❷　比較・測定の経験をもとにした授業構成を

ここでは，「量と測定」領域でこれまでに経験してきた直接比較，間接比較，単位を用いた比較などを想起して活動することが予想されます。正確に角の大きさを比較・測定するためには既習事項だけでは不十分であるという状況から，必要感をもって分度器を導入しようと考えました。

本時の目標	量としての角の大きさの意味を知り，分度器を用いて角の大きさを測定できる。

教師の働きかけ(■)と子どもの反応(○)	留意点(□)・評価(◎)
■2色の円を重ねた教具を見せて説明しながら図を黒板に掲示し，問題を板書する。子どもにはカードを配る。	□教科書は開かない。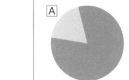
■予想を挙手させる。 　○Ａの方が大きく口を開けているように見えるよ。 　○Ｂの方が円は小さいけれど，口を大きく開けているようにも見えるな…。	
■課題を板書する。	
角の大きさのはかり方を調べよう。	
■ノートに自分の考えを書きましょう。	◎ノート
■机間指導で，子どもの考えを把握し，取り上げる考えと順番を構想する。	
■みんなで考えていきましょう。　　　　　Point❶ 　○Ａの方が，口の先の長さが長かったよ。 　○重ねたら比べられるかと思って切り取ったよ。 　○口の先で比べるのではなく，円の中心を重ねたら，Ｂの方が開き方が大きいように見えるよ。 　○ぼくも切り取って紙に写し取ったよ。 　○切り取らないと比べられないのは不便だな。 　○でも，ほとんど同じ広がり方だったよ。 　○もっと正確に調べる方法はないのかな。	◎発言
■教科書を開かせ，「分度器」「角度」，角の大きさの単位「度」とその書き方を確認させる。　　　Point❷	□教科書を開く。
■角の大きさは「回転の量」の意味であることを確認する。	□色チョークで線やキーワードを加えてまとめにする。
■分度器を使って，ＡとＢの角の大きさを測ってみましょう。	□分度器の使用
■教科書にある教材を使用し，いろいろな大きさの角をつくったり分度器で測ったりしてみましょう。	◎観察

実践事例 63

4年
小数のしくみとたし算，ひき算 〔1時間目〕

問題

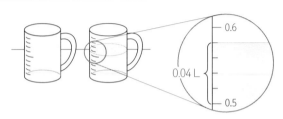

ペットボトルいっぱいに水を入れたところ，1.5Lとあと少しありました。1.5Lとあと少しのかさを，L単位で図のように表しました。正しいですか。

Point ❶ 教科書のつくりを生かした問題を

　本時では，0.1Lに満たないはしたの表し方を考えます。教科書では，0.5Lの目盛りから0.6Lの目盛りまでの長さが5cmで示されているので，1cmずつ区切ると5等分できます。また，「小数」の学習を想起させて，子どもから，「0.1を10等分する」という発言を期待します。5等分でも，10等分でも，はしたの数を目盛りのいくつ分で表すことができます。教科書の図を生かし，小数で表すために何等分したらいいのかを考えさせていきます。

Point ❷ 十進位取り記数法のよさを

　5等分だと目盛りの数が少ないので0.54までしか表せないことになってしまいます。これまでの仕組みとの違いから混乱が生じるため，5等分が不適切だとわかります。正答につながる10等分だけを考えるのではなく，誤答と比較することで，十進位取り記数法の理解をより確かにできると考えました。

Point ❸ 理解を確かにする確認問題の提示を

　終末の確認問題では，1.37のような$\frac{1}{100}$の位が奇数となる値を扱います。5等分では目盛りのいくつ分で表すことができないので，やはり10等分が正しいと確認できます。意図的に数値を設定するなど，提示する問題を工夫したいものです。

本時の目標	$\frac{1}{100}$の位までの小数を読んだり，表したりすることができる。

教師の働きかけ(■)と子どもの反応(○)	留意点(□)・評価(◎)

■問題文を板書し，図を黒板に貼る。　Point❶

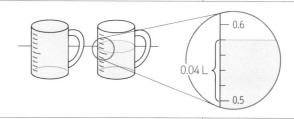

正しいですか。

○正しいよ。
　⇒1cmずつ5等分しているね。
○間違っているよ。
　⇒0.1のときは10等分していたね。
○どちらもあっているような気がするな。
　⇒5等分も10等分も目盛りのいくつ分で表すことができるよ。

■「等分」というキーワードを強調し，課題を板書する。

　　　　10等分かな？　5等分かな？　説明しよう。

■自分の考えをワークシートに書かせる。

■みんなで考えていきましょう。　Point❷
○5等分だと，0.54までしか表すことができないよ。
○10等分だと，今までと同じように0から9までの数で表すことができるね。

■子どもの発言をつなげて「10等分したうちのいくつ分」と黄色で板書し，強調する。
○0.1Lの$\frac{1}{10}$は0.01と書き，れい点れい一リットルと読むんだね。
○1.5Lと0.08Lをあわせたかさを1.58Lというんだね。

■1.37Lのイラストを提示し，小数に表したり，読んだりさせる。
　　　　　　　　　　　　　　　　　　　　Point❸
○5等分だと，目盛りのいくつ分で数えられないから，やっぱり10等分が正しいね。

■教科書の練習問題に取り組ませ，ペアトークさせる。

□ワークシートを配付し，図を見させてから予想させる。
□根拠を発言させる。予想の段階なので，どの立場も認める。

◎ワークシート
□机間指導で，子どもの考えを把握し，取り上げる考えを構想する。
◎発言

□これまでと同じ仕組みで考えることができるよさを強調する。
□教科書を開いて確認する。

□$\frac{1}{100}$の位が奇数である値を提示し，10等分が正しいことを強調する。

◎ノート，発言

実践事例 64　4年　垂直と平行　〔1時間目〕

問題

100m走のコースに50m走のスタートラインを引きます。
どこに引きますか。

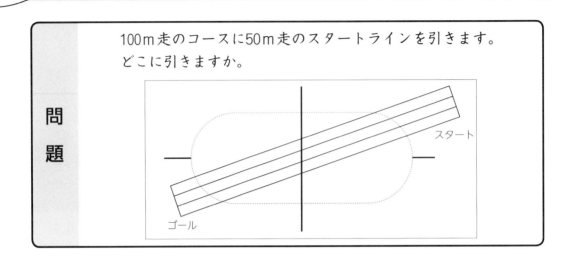

　多くの子どもは、徒競走のコースは平行になっていることや、スタートラインがコースと垂直に交わっていることを、経験から直感的に知っています。具体的な場面を示し、直感的な感覚を生かすことで、垂直を説明する目的意識につなげようとねらっています。

Point ❶　間違った考えを示して感覚に訴え、課題を引き出す

　「どのあたりにラインを引くかな？」と問いかけると、「50mだから真ん中あたり」という反応が予想されます。そこで、「それなら、中央にある線でいいよね？」と問い返すと、子どもたちからは、「ずるい！」や「90°（直角）」といった、本時のねらいに迫る発言が期待できます。

Point ❷　キーワードの発言を繰り返し誘発して、まとめにつなげる

　集団解決の場面では、「直角」「90°」「直線」「交わる」といったキーワードを確実に板書するだけでなく、色チョークで強調したり、関連づけたりします。そこに教科書で確かめた「垂直」をつけ加えれば、あらためて文章で書かなくても、十分に「まとめ」となりうるはずです。
　子どもの考えを発表させるときには、掲示した図にかかせるほかにも、実物投影機などの機器を活用し、子どものノートを直接見せながら説明させるのも効果的です。

本時の目標	直線の交わり方の特徴に気づき，垂直の意味を知る。

教師の働きかけ(■)と子どもの反応(○)	留意点(□)・評価(◎)
■図を黒板に掲示し，問題文「50mラインを引きます。どこに引きますか。」を板書する。	□教科書は開かず，図は拡大印刷やポスター印刷，プロジェクターで投影するなど拡大して提示する。
■「どのあたりになりそうかな？」と問いかけ，考えを発表させる。	
■「真ん中なら中央の線でいいよね？」と問い返し，中央の線は適切でない理由をやりとりしながら，本時の課題を設定する。　Point ❶	
○「ずるい！」	
○「直角になってない！」	
ずるくないように，スタートラインを引こう。	
■図を配付し，ノートに貼らせる。	□50mの位置が，コースの中央になることを確認しておく。
「スタートラインと，引き方の説明も書こう。」	◎ノート
■みんなで考えていきましょう。	□数名に板書させたり，ノートを紹介したりする。
○分度器を使って90°の線を引きました。	◎発言，ノート
○三角定規の直角を使いました。	
○徒競走のコースすべての線と直角になるよ。	
■教科書で，垂直の用語や意味を確認させる。　Point ❷	□教科書を開く。
	□キーワードを色チョークで強調し，まとめにつなげる。
■コースの一部を切り取った図を提示する。	
「この2直線も垂直といっていいのかな？」	
○交わっていないから垂直とはいえない。	
○直線を伸ばせば，直角になるよ。	
■「直線を伸ばして直角に交わるときも，垂直といえるのだね。」	
■街路地図などで，垂直な直線を探し，全体で確認させる。	□垂直の確かめ方を，全体で再確認する。
■教科書の練習問題に取り組ませ，答えとその理由をペアで確認させる。	◎発言

実践事例64　4年　垂直と平行

実践事例

65

4 年

変わり方 〔1時間目〕

| 問題 | 1cm間かくにくぎを打った板があります。
18cmのひもをかけて，長方形を作ります。

たてと横の長さを表にしました。表は正しいでしょうか。 |

たて（cm）	2	3	4
横（cm）	5	6	7

　問題提示の際は，実寸では小さいので，釘と釘の幅を5cm程度にすると見やすくなります。実物がない場合でも，5cm程度の間隔で点が打たれた図を掲示し，丸型磁石を長方形の頂点の位置に貼れば，ひもをかけることができます。

Point ❶ 表を工夫し，「変化と対応」に気づかせる

　縦の行にはじめから数値をすべて入れておくのではなく，1だけを記入しておくと，変化により注目することが期待できます。また，「縦が9cmのとき」を書く欄も設けることで，縦と横が9cmにならないことを確認でき，縦と横の長さの和が9になる考え方との関連も図れます。

たて（cm）	1								
横（cm）									

Point ❷ 限定的にする発問で，子どもの考えを引き出す

　長方形をかく考え方をはじめに取り上げ，表の一部分を順番にうめます。そこで，「長方形をすべてかくしかないね。」と限定するように問えば，子どもから数の変化に注目した考え方が出されることが期待できます。

Point ❸ 表と式を比較し，関連づける

　本時では，表には現れない「9」に注目することで，自然と表と式を比較しながら，説明を繰り返すことになります。表やグラフ，式を関連づけながら数量の関係に注目することで，関数の考えをはぐくむことができます。

156　Ⅱ 実践編

本時の目標	ともなって変わる２つの数量を，表やグラフ，式に表すことができる。

教師の働きかけ(■)と子どもの反応(○)	留意点(□)・評価(◎)
■図を掲示し，ひもで縦３cm，横６cmの長方形を作る。「ほかの長方形もできるかな？」と問いかけ，辺の長さを変えればよいことを確認する。	□実際に長方形を作って見せる。
■表を掲示し，問題文「表は正しいでしょうか。」を板書する。問題をノートに書くように促す。	□縦，横が０cmにならないことを確認する。
■直感で予想させる。	
■ちょっと考えてみましょう。	□３分程度時間を取る。
○縦２cm，横５cmでは，ひもが18cmにならない。	□１cm間隔のドット図を渡し，表にある長方形を作ってみせる。
■考えを発表させ，「縦２cmの長方形はないのかな？」などのやりとりから，課題を設定する。	

たてと横の関係を，表に表そう。

■「表を完成させ，どうやって数を見つけたか，考え方をノートに書こう」と投げかける。　　　　　　　　　　　Point❶	□縦１cmだけが記入された表を配付する。必要に応じて，新たにドット図を配付する。
■机間指導で，長方形をかいた考え方と，計算で数値を求める考え方の子どもを見つけておく。	◎ノート
■みんなで考えていきましょう。　　　　　　　　　Point❷	◎ノート・発言
○実際に長方形をかいて確かめました。	□実物投影機などで図を見せる。
○「１増えれば１減る」のきまりがありました。	
■縦と横の長さをたした考え方を取り上げる。	□変わり方を矢印で示し，表を完成させる。
○計算で求めました。	
１＋８＝９，２＋７＝９，３＋６＝９…	
■「和がすべて９だけど，表に９はないよね」や「和が９なら，縦９cmでもいいよね」などの問いかけから，表とたし算の式を関連づける。　　　　　　　　　　　　　　　　　　　　　Point❸	
■「縦を○cm，横を△cmとするとどんな式になる？」	□縦と横の長さの関係を説明した部分を色チョークで強調し，まとめにつなげる。
○「○＋△＝９」（○と△には数が入る。）	
■教科書の確認問題に取り組み，グラフでも数の変わり方を確かめる。	
■教科書の練習問題に取り組ませ，ペアトークさせる。	◎ノート・発言

実践事例65　4年　変わり方　**157**

実践事例 66

4 年

そろばん 〔1時間目〕

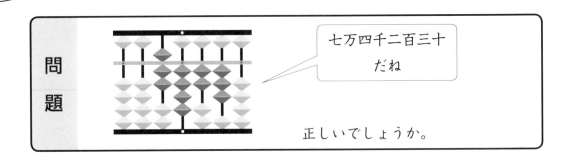

問題: 七万四千二百三十だね 正しいでしょうか。

　教科書では，そろばんに入れた数を読む活動からスタートしています。そろばんに関しては，第3学年で，「定位点の1つを一の位に決めれば，それぞれに位が決まる」と学習しています。第4学年では，多様な数の表し方を学習するため，定位点をより明確に意識する必要があることから，位を初めに示さない問題提示を考えました。

Point ❶　柔軟な見方を支える「仮定」を

　本問題では，「ここの定位点を一の位とすると」と仮定する見方が必要になってきます。問題のイラストで見えている3つの定位点を左から一の位だと仮定すると，「0.07423」「74.23」「74230」という読み方ができます。

Point ❷　十進位取り記数法の考え方を生かしたそろばんの構造に気づかせる

　これらは，そろばんが，これまでも学習してきた十進位取り記数法に基づいた構造になっていることと関係しています。相対的な数の見方を養ううえでも，位に対する理解を十分に図っておくことが大切です。また，数十個の珠しかないにもかかわらず，兆を超える数まで表せてしまうそろばんの構造と，十進位取り記数法の巧みさを子どもたちとじっくり味わいたいものです。

本時の目標	そろばんには，十進位取り記数法の仕組みが用いられていることに気づき，億や兆の単位までの整数や $\frac{1}{100}$ の位までの小数を表すことができる。

教師の働きかけ(■)と子どもの反応(○)	留意点(□)・評価(◎)
■図を黒板に掲示し，問題を板書する。子どもにはカードを配り，ノートに貼らせる。 ■予想を挙手させる。 　○正しい。 　○でも，よく見ると，どこが一の位か書かれていないよ。 　○定位点が3つ見えているよ。 ■課題を板書する。	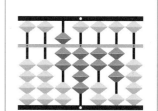

> そろばんの数の表し方・読み方を調べよう。

■ノートに自分の考えを書きましょう。	◎ノート
■机間指導で，子どもの考えを把握し，取り上げる考えと順番を構想する。	
■みんなで考えていきましょう。　Point❶ 　○正しいか，正しくないかを決めるのは無理なんじゃないかな。 　○一の位の場所がわからないと困るよ。 　○もし，一番左の定位点の所を一の位と考えるなら，小数になるね。 　○真ん中の定位点の所を一の位と考えるなら，「74.23」になるね。 　○一番右の定位点の所を一の位と考えるなら，「74230」になるね。 　○<u>どの定位点を一の位</u>とするかを決めたら，数を読んだり表したりできるよ。	◎発言 □色チョークで線やキーワードを加えてまとめにする。
■教科書を開かせ，そろばんに入れた数を読み取らせる。	□教科書を開く。
■教科書の練習問題に取り組ませる。	□そろばんを使って取り組ませる。
■教科書の確認問題に取り組ませる。　Point❷ 　○数を10倍，100倍すると，そろばんの珠がそのまま左に移動するね。	◎観察

実践事例66　4年　そろばん　159

実践事例 **67**

4 年
小数と整数のかけ算，わり算　〔1時間目〕

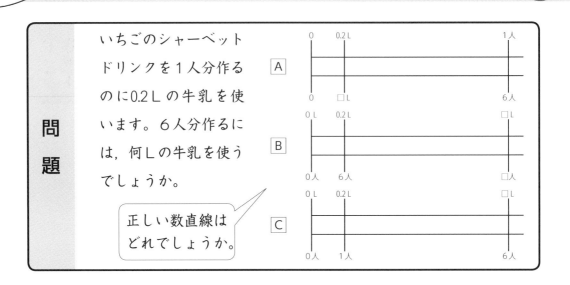

問題：いちごのシャーベットドリンクを1人分作るのに0.2Lの牛乳を使います。6人分作るには，何Lの牛乳を使うでしょうか。

正しい数直線はどれでしょうか。

本単元では，3年生で学習した乗法の数直線を「説明の道具」として活用できるようにし，5年生の「乗数が小数の乗法」へとつなげることが重要と考えました。

Point ❶　段階的に数直線を指導する

これまでに見たことがあったとしても，子どもが自然に数直線をかいて考えたり説明したりすることはなかなかありません。そこで本問題では，まずは子どもが数直線を「選ぶ」という場面を設定しています。そのことで，比例数直線の上部，下部に書かれるべき数量について理解したり，それらの関係について場面と照らし合わせて考えたりすることができると考えます。

Point ❷　根拠を明らかにし，誤答を修正することで理解を深める

図を選択しようとする中で子どもたちから，「□は1.2Lだ」「式は0.2×6だ」などの発言が出てくることも考えられます。その際には，立式の根拠を確認したり，誤答を教師から提示して理解を深めさせたりすることが大切です。特に，「0.1を単位として見ること」によって整数と同じように計算できるという，十進位取り記数法のよさ，単位の考えのよさに気づかせることが今後の学習にとって不可欠です。

本時の目標	小数×整数のかけ算の仕方を，既習の計算をもとに図や式などを用いて考え，説明することができる。

教師の働きかけ(■)と子どもの反応(○)	留意点(□)・評価(◎)
■問題を板書し，図を黒板に掲示する。子どもにはカードを配り，ノートに貼らせる。	□教科書は開かない。
■「正しい数直線はどれでしょうか。」と問い，予想を挙手させ，課題を板書する。　　　　　　　　　　　　　Point❶	
正しい図はどれかな？　選んで計算しよう。	
■ノートに自分の考えを書きましょう。	◎ノート
■机間指導で，子どもの考えを把握し，取り上げる考えと順番を構想する。	
■みんなで考えていきましょう。	◎発言
○1人分が0.2Lで，2人分，3人分，…，6人分という関係になっているのはCの数直線だね。	
○前にも同じような数直線を見たことがあるね。	
○1人分の量をもとに6人分を求めるから，小数が入っているけど，これもかけ算の計算だね。	
○0.2×6という式になると思うよ。	
○□Lのところは，1.2Lだと思うよ。	
■「0.2×6＝0.12」ではないのですか。　　　　　Point❷	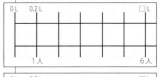
○0.2の6つ分だから，0.2，0.4，0.6，…，1.2だよ。	
○0.1の目盛に注目して，0.1の「12個分」と考えたらいいよ。	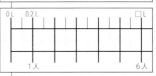
■「12個」というのは，図からしかわからないのでしょうか。	
○2×6＝12でわかるよ。	
○2は，1人分が0.1の2つ分，6は6人分の意味だね。	
○やっぱり，0.2×6＝1.2というのは，0.1×(2×6)という意味だね。	□色チョークで線やキーワードを加えてまとめにつなげる。
■教科書の確認問題に取り組ませる。	□教科書を開く。
■教科書と板書のキーワードによって，整数のかけ算との関係をまとめる。	
■教科書の練習問題に取り組ませ，ペアトークさせる。	◎ノート，発言

実践事例67　4年　小数と整数のかけ算，わり算　**161**

実践事例 68　4年　立体　〔●時間目〕

問題
「ヒントゲーム」をします。
どの形のことでしょうか。
　ヒント1　面は平らです。
　ヒント2　面は四角形です。

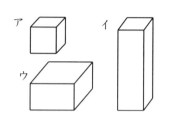

　ア（立方体），イ（正方形の面を含む直方体），ウ（面が長方形のみの直方体）の3つで，ヒントゲームを行います。不十分なヒントを与えることで，正しいヒントを見つける必要感が生まれます。この正しいヒントこそ，立体の特徴であり，本時のまとめに直接つなげることが期待できます。

Point ❶　具体物の利用で立体への感覚を豊かにする

　立体の特徴を的確に捉えるとともに，感覚を豊かにするため，できるだけ具体物を準備します。本時では，アはキャラメルの箱，イはラップフィルムの箱，ウはお菓子の箱などが身近で，数をそろえることが容易です。準備した具体物は，その後の「辺や面の垂直，平行の学習」でも活用できます。

Point ❷　考えの取り上げ方を工夫し，立体の違いを明らかにする

　立体の特徴を正確に説明するには，面の形が正方形（長方形）だけなのか，それとも両方とも含むのかが重要です。この「だけ」を引き出すために，子どもが考えたヒントの種類や数によって，取り上げる順序を判断します。

【例1】「正方形」と「正方形だけ」の考え方がある場合
　C：面は正方形です。　T：似たことを書いた人がいたよ。
　C：面は正方形だけです。　T：どっちも同じでいいよね。
　C：違う。だって，「だけ」がつくと…。

【例2】「正方形だけ」の考え方が多数いる場合
　C：面は正方形だけです。　T：どの形のヒントなの？
　C：アです。　T：「正方形」はアだけでいいよね？
　C：違う。だって，正方形はア以外にも…。

本時の目標	面の形に注目して，立体の特徴を説明することができる。

教師の働きかけ(■)と子どもの反応(○)	留意点(□)・評価(◎)
■ヒントゲームのルールを説明し，3つの立体を提示する。図を黒板に提示し，子どもにはカードを配って，ノートに貼らせる。 ■問題文「どの形のことでしょうか。」を板書し，ノートに書くように促す。 ■2つのヒントを順に示し，答えを確認する。 　○まだわからない。　○まだヒントが必要だ。 ■「どうして，どの形かはっきりしないの？」と問いかけ，ヒントが不十分であることを確認する。「それでは」とつなげ，課題を設定する。	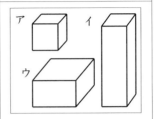 □1つずつヒントを示し，答えられるか確かめる。 □課題を板書する。

> 形をしめす，正しいヒントを作ろう。

■3～4分間程度時間を取り，それぞれの立体に必要なヒントを作らせ，ノートに書かせる。　　　　　　　　　　　　**Point ❶** ■机間指導で，正確なヒントと不十分なヒントの，それぞれの考え方の子どもを見つけておく。 ■「どの形のヒントでしょう」と問いかけ，1人の考えを発表させる。どの立体のことかやりとりをしたあと，類似した考えを発表させる。 　○面の形は正方形（長方形）です。 　○面の形は正方形（長方形）だけです。　　**Point ❷** ■「同じでいいよね。」「どこが違うの？」と問う。 　○アの面はすべて正方形だから，「だけ」がつく。 　○イの面は正方形もあるけど，長方形もある。 ■どうすれば，正しいヒントになるかな。 　○面の形が正方形（長方形）だけなのか，正方形と長方形の両方なのかを言えばよい。 ■教科書で立体の名称と，イの立体も直方体に含まれることを確認する。 ■教科書の練習問題に取り組ませ，ペアトークさせる。	□3つの立体を配付し，実際に触れながら考えさせる。 ◎ノート □考え方の種類や人数に応じて取り上げる順を変更する。 ◎発言 □色チョークで説明した部分を強調し，まとめにつなげる。 □正しいヒントをノートに書かせる。 ◎ノート・発言 ◎ノート・発言

実践事例

69 4年 分数の大きさとたし算, ひき算 〔1時間目〕

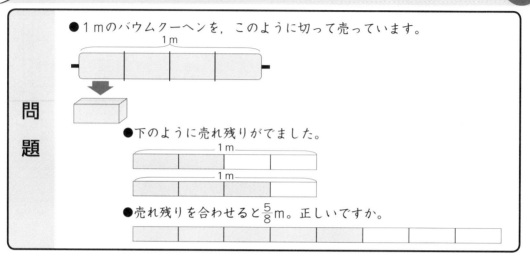

問題
- 1mのバウムクーヘンを，このように切って売っています。
- 下のように売れ残りがでました。
- 売れ残りを合わせると$\frac{5}{8}$m。正しいですか。

　多くの子どもは，分数について「○個に分けたうちの□個分」という理解にとどまっていることが多いものです。本時では，「単位分数のいくつ分」という考え方を子どもから引き出すことができるように，一見「$\frac{5}{8}$mのように見える」問題を工夫しました。

Point ❶ 「1m」を暗に示しながら，「本当らしく見える誤答」を提示する

　本時では，「1mを等分したいくつ分」を子どもが意識できるよう，1mのバウムクーヘンを切って売る場面を設定しました。そのうえで，「2mを8つに分けた5つ分」としての「$\frac{5}{8}$m」という本当らしく見える誤答を提示することで，「1m」を等分していることを根拠にして，問題場面が妥当でない理由を表現したり，帯分数や仮分数を用いて正しい分数を見いだしたりする子どもの姿が期待されます。

Point ❷ 「自ら発見した」と感じられるように教科書を使う

　「仮分数」，「帯分数」などという用語を理解する際には，教え込みに終始しないようにしたいものです。本時では，「1mと$\frac{1}{4}$m」「$\frac{1}{4}$mの5つ分」「$\frac{5}{4}$m」などという考えを引き出し，「どのように表したらいいかな」「本当にこのように書いていいかな」と子どもが必要感をもった段階で教科書を開き，まとめるようにしています。子どもは，「自分たちが見いだしたことが教科書にも載っている」と感じることができるのではないでしょうか。

| 本時の目標 | 1より大きい分数の表し方に気づき,「真分数」「仮分数」「帯分数」の用語を知る。 |

教師の働きかけ(■)と子どもの反応(○)	留意点(□)・評価(◎)
■問題の場面について話し合う。 **Point ①** ○8つに分けた5つ分になっているから, $\frac{5}{8}$mで正しいよね。 ○でも,絵を見ると,1mよりも大きいように見えるよ。 ○$\frac{5}{8}$mだったとしたら,1mより小さい分数のはずだよね。 ○くわしく調べてみたいな。 $\frac{5}{8}$mは正しい？ 間違い？ わけを説明しよう。 ■図をもとに,自分の考えをかき込んでみよう。 ■机間指導で,子どもの考えを把握し,取り上げる考えと順序を構想する。 ○$\frac{5}{8}$mは,2mを8つに分けたものの5つ分になっているよ。 ○「1mと$\frac{1}{4}$m」だよね。 ○「$\frac{1}{4}$m」「$\frac{2}{4}$m」「$\frac{3}{4}$m」と考えていくと…。 ■みんなで考えていきましょう。 **Point ②** ○1mがここまでになる。$\frac{1}{4}$mがあまってはみ出すから,「1mと$\frac{1}{4}$m」のように表せるよ。 ○箱の1つ分は,$\frac{1}{4}$mで,それが全部で5つ分あるということだ。だから,「$\frac{5}{4}$m」がいいと思う。 ○8つに分けた5つ分ということだけなら,ほかにどんな大きさでも作れてしまうから,$\frac{5}{8}$mではないんだね。 ○1mを4つに分けた1つ分でないと,「$\frac{1}{4}$m」といってはいけない。 ○「$\frac{1}{4}$m」をもとに考えなくてはいけなかったね。 ○今日発見した分数には,「真分数」「仮分数」「帯分数」という名前がついているんだね。 ■教科書の練習問題に取り組ませる。	◎図へのかき込み □$\frac{5}{8}$mが妥当でない理由を問い,「1mを等分したいくつ分」という考えを引き出す。 □$\frac{5}{4}$mの「5」「4」の意味を問い,「$\frac{1}{4}$m」が5つ分であるという考えを引き出す。 □1mをもとにしていない「$\frac{5}{4}$m」の誤答を提示し,1mを4つに分けた1つ分の「$\frac{1}{4}$m」は1つしかないことを確認する。 ◎発言 □教科書を開く。 ◎ノート

実践事例 70

5 年

整数と小数　〔1時間目〕

| 問題 | 右から2つ目の数は同じと言えるでしょうか。
ア　1898　　イ　18.98 | 
（100m走の
記録18.98秒） | 
（北海道羊蹄山
の高さ1898m） |

　教科書では，マラソンの距離42.195について「表し方のしくみを調べましょう」となっていますが，そのまま投げかけても，子どもはどうすればいいかわからないかもしれません。そこで，類似した2つの数を比較する問題とすることで，子どもたちから「位に注目すればよい」ことを引き出したり，数の仕組みに気づかせたりすることをねらいました。

Point ❶　予想をきっかけに，課題へつなげる

　「2つ目の数は同じか」という問い方なので，誰でも直感的に予想でき，学習に参加することができます。さらに，「予想は直感だったから，次はゆっくり考えてみよう」と目的意識をもちながら個人思考へとつなげられます。
　本時の場合では，短時間の個人思考の後に，「一の位」「$\frac{1}{10}$の位」といった，位に注目した考えを子どもたちから引き出し，本時の課題につなげています。

Point ❷　相違点と類似点を観点にして，集団解決を進める

　「1898」と「18.98」を位ごとに表す考えを発表し合ったあとは，2つの考えを相違点と類似点の観点から比較します。相違点に注目すると，「位に入る数が違うこと」がわかりますが，類似点に注目すると「位に入る数は違っても，0から9までの数で表すことができる」ともいえます。
　これらを整理すれば，本時のまとめになります。比較する観点を明確にすることで，子どもは考えを具体的にでき，焦点化した話し合いの集団解決にすることができます。

本時の目標	小数も整数と同様に，十進位取り記数法の仕組みになっていることに気づく。

教師の働きかけ（■）と子どもの反応（○）	留意点（□）・評価（◎）
■２つの数「1898」と「18.98」を提示する。問題文「右から２つ目の数は，同じと言えるでしょか。」を板書し，ノートに書かせる。	□２つの数の由来も伝える。
■予想を尋ね，挙手で人数を確認する。	□机間指導で子どもの考えを把握し，確実に位に注目している考えが発表されるように構想する。
■「ちょっと考えてみよう」と言って，数分間与え，結果を発表させる。　Point❶ ○数字を見れば，どちらも９だから同じ。 ○数字は同じでも，位が違うからいえない。	
■「位に注目すれば，はっきりできそうだね」とつなげ，課題を板書する。	

それぞれの数字は何を表しているのか調べて説明しよう。

教師の働きかけ（■）と子どもの反応（○）	留意点（□）・評価（◎）
■整数1898の仕組みを全体で確認する。（①）	

1898	①	18.98	②
1000	1000×1	10	10×1
800	100×8	8	1×8
90	10×9	0.9	0.1×9
8	1×8	0.08	0.01×8

教師の働きかけ（■）と子どもの反応（○）	留意点（□）・評価（◎）
■「18.98も同じように表してみよう」 　と投げかけ，少し時間を取る（②）	
■みんなで考えていこう。 　○小数点があるから，$\frac{1}{10}$の位や$\frac{1}{100}$の位が必要になるよ。	□数名に②を板書させておく。途中の考えでもよい。 ◎ノート・発言
■1898（①）と18.98（②）を比べて，違うところはどこだろう。 　○位に入る数字は違っている。　Point❷	
■それでは，似ているところはどこだろう。 　○位の数のいくつ分で表せられるよ。	□①と②の相違点や類似点を明らかにして，まとめにつなげる。
■確認問題に取り組ませる。 　○違う小数でも，位ごとに表せる。 　○位に入る数は，18.98と違っている。	
■教科書で，「小数も整数も同じような仕組みで表せる」と確認する。	
■教科書の練習問題に取り組ませる。	◎ノート・発言

実践事例70　5年　整数と小数　**167**

実践事例 71

5 年

体 積　〔1時間目〕

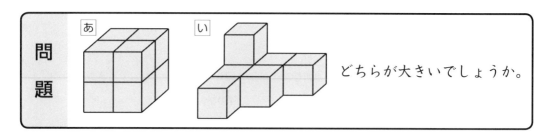

　教科書では，2つの羊羹の直接比較を示し，直方体と立方体の体積を比較する流れになっています。ただ，見聞きした公式「縦×横×高さ」にあてはめるだけの子どもも多く目にします。そこで，既習である「面積の考え方」から類推させ，「単位の大きさのいくつ分か」を数値で表せばよいという考えを引き出すよう工夫しました。

Point ❶　単位の考えで「体積」の測定の意味理解に

　積み木の数について，子どもが「あ計算で求めると予想される形」と「い数えて求めると予想される形」の2つを提示しています。「量と測定」領域の基本である単位のいくつ分で比較・測定するという「単位の考え」を大切にすること，さらには「体積」は立方体や直方体のような整った形だけしか求められないわけではないことを印象づけたいと考えています。

Point ❷　どのように考えたかを問い，式につなげる

　次時の公式を導く際に，突然「上に何段積めるでしょうか」と問うのではなく，「積み木の数は，一つ一つ数えなくてもわかる」という子どもの考えを取り上げ，積まれた段数（高さ）に着目した式を意図的に取り扱いたいものです。

Point ❸　類推的な考えを称賛し，確かな理解に

　単位のいくつ分という「単位の考え」について，「長さや面積のときには，1 ? という単位があったから，今回も同じように1 ? という単位があるのではないか」と類推する子どもの考えを称賛しつつ，みんなで気づいたと思える展開を意識して，確かな理解につなげたいものです。

| 本時の目標 | 直方体や立方体の体積の求め方を，面積の場合などをもとにして考え，説明することができる。 |

教師の働きかけ(■)と子どもの反応(○)	留意点(□)・評価(◎)
■図を黒板に掲示し，問題を板書する。子どもにはカードを配り，ノートに貼らせる。	□教科書は開かない。
■子どもたちとのやりとりで，「大きさ」とは，どのようなことを指しているのか明確にする（表面積や一部の長さではないこと）。 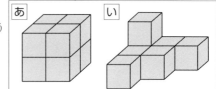	
■予想を挙手させ，課題を板書する。 どのように比べたらよいか，説明しよう。	
■ノートに自分の考えを書きましょう。	◎ノート
■机間指導で，子どもの考えを把握し，取り上げる考えと順番を構想する。	
■みんなで考えていきましょう。	◎発言

（その1）それぞれ，小さな積み木何個分かを数えたよ。 （その2） 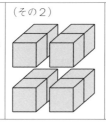 （その3） 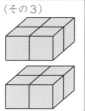 （その4）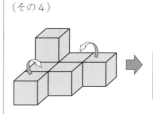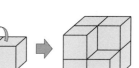

○（その2）いは数えたけれど，あは計算できたよ。2×4＝8で8個だよ。
○（その3）あは，（2×2）が2段積み重なっているから，2×2×2＝8という式でもいいね。
○（その4）いは，端の積み木を移動するとあに近い形になるけれど，積み木が7つだから，1つ分小さいんだね。
○あるもののいくつ分で比べるのは，面積や長さと同じ考え方だね。
○このようなものの大きさも計算で求められそうだね。Point❸

■教科書を開かせ，用語「体積」と体積の単位「cm³」を確認する。

■教科書の練習問題に取り組ませ，ペアトークさせる。

留意点：
□ICTの活用などにより，式と考え方が関連づけられるようにする。
□色チョークで線やキーワードを加えてまとめにする。
□教科書を開く。
◎ノート・発言

実践事例71　5年　体積

5年 小数のかけ算 〔1時間目〕

問題

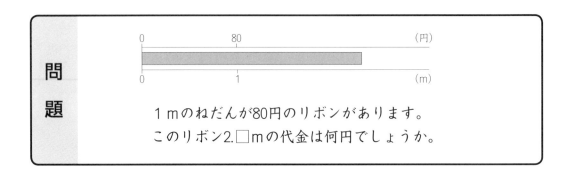

1mのねだんが80円のリボンがあります。
このリボン2.□mの代金は何円でしょうか。

　教科書では,「1mの値段が80円のリボンを2.3m購入したときの代金を求める問題」から単元がスタートしています。リボンの長さが小数であるため,「どのような式や計算で求めるのだろうか」と子どもに考えさせたあと,「整数のときと同じようにかけ算の式に表す」というかけ算の意味を拡張させる場面です。本問題でも,このような趣旨を踏まえた提示を行っています。

Point ❶ 割合の考えに向かう図の活用を

　この単元では,「割合」の考え方に向かっていくことができるよう,数直線を授業の中で適切に位置づけるようにしていくことが大切です。
　「80×2.3」という式の「×2.3」が累加では説明がつかないこと,2.3mという長さではないこと,1mに対する割合ではなく80円に対する割合であることを理解できるようにすることが必要です。
　そのためには,比例関係にあることを意識できるようにする配慮が必要と考えました。本問題では,はじめに長さを図のみで示すことで,「1mの値段が80円だから,これくらいの長さなら値段はこれくらいになるだろう」と考えられるように工夫しました。

Point ❷ 類推の考えを生かす数値の設定を

　また,乗数の数値にも配慮が必要です。ここでは乗数が整数の場合だけでなく,2と3の中間である2.5も取り上げ,そこから類推できるように工夫しました。

本時の目標	乗数が小数である場合の乗法の意味について，既習の計算や図，式などを用いて考え，説明することができる。

教師の働きかけ(■)と子どもの反応(○)	留意点(□)・評価(◎)
■図1を提示する。「1mの値段が80円のリボンがあります。」	□図1
■図2を提示する。「このリボンの値段は，何円くらいだと予想しますか。」 Point ❶ ○160円より少し高いと思うよ。	□図2
■なぜそのように予想したのかを問い，問題文「このリボン2.□mの代金は何円でしょうか。」を板書する。	
■□の中の数字がいくつであれば簡単に答えを求められそうかを問う。 Point ❷ ○2.⑤mなら，2mと3mの中間だから求められそうだ。	
■「もし，リボンの長さが2.③mだったら代金は何円でしょうか。」	□図2をノートに貼らせる。
■課題を板書する。	
本当にかけ算で考えていいのかな？	
■ノートに自分の考えを書きましょう。	◎ノート
■机間指導で，子どもの考えを把握し，取り上げる考えと順番を構想する。	
■みんなで考えていきましょう。 ○2mだったら80×2＝160(円)，3mだったら80×3＝240(円)なので，80×2.5はその中間の200(円)で，80×2.3も正しいと思うよ。 ○長さが2倍，3倍…なら値段も2倍，3倍…になるよね。長さが1mの2.3倍なので，値段も80円の2.3倍だと思うよ。 ○かける数が小数のときも，整数のときと同じようにかけ算の式で表せるね。	◎発言 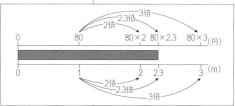
■次の時間は，80×2.3の計算の仕方を考えましょう。	□色チョークで線やキーワードを加えてまとめにする。

実践事例 73

5 年

合同な図形　〔2時間目〕

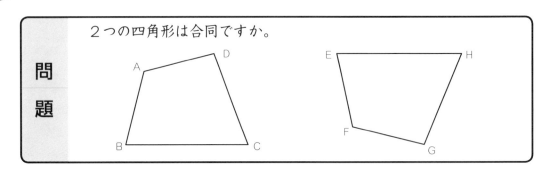

2つの四角形は合同ですか。

　本時では,「対応する辺の長さ,角の大きさが等しい」という合同な図形の性質を学びます。教科書では図形がマス目の上に示されていますので,すぐにマス目を数えて長さの等しい辺があると気づいてしまいます。そういうことがないよう,マス目のないシートを配付しています。合同な図形の定義である「ぴったり重なる」ということから,「対応する…」という性質を子どもに気づかせたいと考えました。

Point ❶　子どもがつまずきそうな問題を提示する

　前時では,図形を重ねて合同かどうかを確かめています。本時の図形は合同ですが,回転させるのではなく,裏返しにすると重なるため,念頭での操作が難しいものです。そこで,予想後に「どうしてそう考えるの？」と理由を尋ね,「重ねなくても合同かどうか確かめられないだろうか」と課題につなげる展開にしています。

Point ❷　定義から性質に気づく展開に

　図形を裏返して重なる場合も「合同」といえることを確認するとともに,「重なるのであれば,2つの図形の辺の長さや角の大きさは等しいはずだ」という見通しをもてるようにしていきます。実際に等しくなっていることを集団解決で見いだしたあとには,「裏返して重なる」ことも確認し,「対応する〇〇」という用語を教えながらまとめていきます。

本時の目標	合同な図形の対応する頂点，辺，角を見つけることができる。

教師の働きかけ(■)と子どもの反応(○)	留意点(□)・評価(◎)
■図を黒板に貼って，回転させても重ならないことを実演し，問題文を板書する。	□教科書は開かない。 □図のカードを配り，ノートに貼らせる。

2つの四角形は合同ですか。

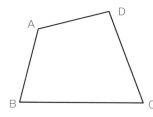
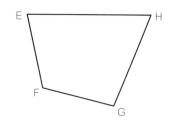

■予想に対して，理由を尋ねる。 　○回転しても重ならないから合同ではない。 　○裏返しにしたら重なりそうだよ。 ■課題を板書する。　　　　　　　　　　　Point❶ 　　　　重ねなくても合同か調べられないかな？ ■自分で考えてみよう。 　○2つの図形の辺の長さや角の大きさはどうなっているかな。 ■机間指導で，指名計画を立てる。 ■みんなで考えていこう。　　　　　　　　Point❷ 　○2つの図形が合同ならぴったり重なるから，辺の長さや角の大きさは等しいはずだ。 　○長さの等しい辺や大きさの等しい角があるよ。 ■教科書で，対応する頂点，対応する辺，対応する角という用語を教え，対応する辺と角が等しいという合同な図形の性質をまとめる。 ■教科書の練習問題に取り組ませ，考え方をペアトークさせる。	 ◎ノート ◎ノート・発言 □対応する辺の長さ，角の大きさが等しいことに気がついた後，実際に裏返して重なること（合同であること）も確認する。 □教科書を開く。 □子どもの気づきにつなげて，「対応する○○」という用語を教える。 ◎発言・ノート

実践事例73　5年　合同な図形　173

実践事例 74

5 年

小数のわり算　〔1時間目〕

> **問題**
> 同じ種類のリボンを買います。
> どちらの店で買うと，お買い得でしょうか。
>
> A店　2mの代金が110円　　B店　1.6mの代金が96円

選択型の問題なので，予想が容易になり，子どもは学習に参加しやすくなります。また，選択肢に既習内容を入れることで，自然な形で復習を取り入れることができます。

Point ❶　既習内容を生かして式を導く

A店の1mの代金が「110÷2」になることは，多くの子どもが短時間で導くことができます。この一段階をはさむことで，本時のねらいに迫る言葉の式を確かめたり，B店の1mの代金を求める式を導いたりすることができます。

Point ❷　式・図・言葉の関連づけを意識する

小数のかけ算の学習後なので，小数を整数にして計算する考え方が出されます。しかし，「10倍したから，商は$\frac{1}{10}$する」などと，かけ算と混同することも予想されます。そこで，数直線を用いて数値を確かめることで，数の処理だけにとどまることなく，量感を伴いながら理解を深めることが期待できます。

Point ❸　個人思考の結果に応じて，取り上げる考えを変える

個人思考では，整数・小数の両方を10倍する「960÷16」の考え方が多い場合もあります。その際は，集団解決で，「960÷16」を主に扱い，「96÷1.6」を終盤に教科書で確認するなど，実態に応じて展開を工夫します。

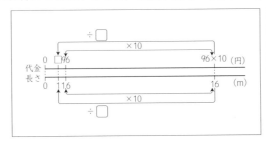

（取り上げる式と数直線）

本時の目標	整数の場合をもとにして，整数÷小数の計算の仕方を図や式で説明できる。

教師の働きかけ(■)と子どもの反応(○)	留意点(□)・評価(◎)
■問題文を板書し，ノートに書くように促す。	□予想の人数を確認しておく。
■直感で予想させる。	□長さや代金が異なるので比較しにくいことを確認する。
■「困っていること」や「はっきり比べられないわけ」を話し合う。	
■1mの代金で比べられることを確認する。　**Point ❶**	□A店は求めやすい理由や言葉の式を確認する。
○A店はすぐできそう。110÷2＝55	
○ 代金 ÷ 長さ を計算すれば1m分の代金がわかる。	
■A店の言葉の式などから，B店の1mあたりの代金を求める式を立てる。A店の場合との違いから，本時の学習課題を設定する。	
整数÷小数の計算の仕方を図や言葉で説明しよう。	
■机間指導で，「数直線をかいた子ども」や「10倍して整数にした子ども」などに話しかけ，そのやりとりを周りの子どもへのヒントにする。	□5分程度時間をとり，式と数直線を板書させる。◎ノート・発言
■みんなで考えていきましょう。　**Point ❷**	□個人思考の結果に応じて取り上げる考えを変える。◎発言
○数直線をかきました。	
○式で考えました。	
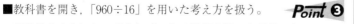	
○0.6円はありえない。	
○どうして10倍？	
■式と数直線を関連づけながら，どちらが正しい計算か確かめる。	
■教科書を開き，「960÷16」を用いた考え方を扱う。　**Point ❸**	□「整数にする」に関連した考え方を，黄色チョークで板書し強調する。◎ノート・発言
○整数をもとにして考えれば，わる数が小数でも計算できる。	
■教科書の練習問題に取り組ませ，ペアトークさせる。	

実践事例 75

5 年

整数の性質 〔1時間目〕

> **問題**
> 出席番号順に,赤,白,赤,白,…と
> 2つの組に分けます。
> 出席番号が10番の人と15番の人は,
> 同じ組になりますか。

　教科書では,「それぞれどちらの組になるでしょうか」と尋ねています。学習が苦手な子どもにとってみると,1度に2つの答えを求める問題は,問題理解のハードルが高いと思われます。そこで,「10番と15番が同じ組になるか」と問う選択型の問題にしました。「同じ組」か「違う組」かを考えさせる問題にするだけで,算数が苦手な子どもにとって,取り組みやすくなるだろうと考えました。

Point ❶　複数の視点から奇数・偶数を捉える

　集団解決の場面では,複数の考え方から奇数・偶数を捉えられるようにします。そのために,個人思考のとき,①数直線に表した考え,②2でわる考えを見つけるようにします。見つからない場合は,近い考えの子どものそばに行き,「数直線でかいてみたんだね」とか「どうして2でわるの?」などと言って,考えに自信をもたせます。そのような手だてで,目標を達成するための考えを授業で取り上げることができるようにします。

Point ❷　集団解決を生かして「0」の扱いを考える

　「0は偶数です」と教師が教えてしまっては,子どもたちの達成感が半減します。そこで,「0」の扱いについて子どもたちに考えさせることにしました。集団解決での考え方を使って,数直線やわり算のあまりに着目して,「0」が偶数であることを確かめることができます。

本時の目標	偶数，奇数の意味や性質を説明することができる。

教師の働きかけ（■）と子どもの反応（○）	留意点（□）・評価（◎）
■問題文を板書し，ノートに書かせる。 ■答えを予想させる。 　○同じ。 　○違う。 ■課題を板書する。	□予想の理由を問い，課題につなげる。

それぞれの組に入る数を調べよう。

教師の働きかけ（■）と子どもの反応（○）	留意点（□）・評価（◎）
■個人思考しているときに，集団解決で取り上げる考えを見つける。 **Point ❶**	◎ノート
■「友だちの考えがわかるかな？」と言って，板書の考えを別の子どもに説明させる。	□板書していない子どもに発言させることで考えを共有する。

①数直線をかきました。 0　1　2　3　4　5　6　7　8　9　10　11　12　13　14　15　16 　赤　白　赤　白　赤　白　赤　白　赤　⑩　赤　白　赤　白　⑮　白 　　　　10番→白　　　15番→赤	②2でわりました。 $10 \div 2 = \underline{5}$　←わりきれる $5 \div 2 = \underline{2 あまり 1}$

教師の働きかけ（■）と子どもの反応（○）	留意点（□）・評価（◎）
	◎発言
■集団解決の説明から答えを確認する。 　○10番の人→白，15番の人→赤 ■子どもたちの考えから，「奇数・偶数」の意味や性質についてまとめる。 **Point ❷** 　○2でわると1余る数→奇数 　○2でわりきれる数→偶数 　○整数は，奇数と偶数に分けられる。 ■「0は，奇数ですか，偶数ですか。」と問い，考えをノートに書かせる。 　○数直線で表すと奇数，偶数の順番に並んでいるから，偶数だ。 　○2でわるとわりきれるから，偶数だ。 ■教科書の練習問題に取り組ませ，ペアトークさせる。	□集団解決でわかったことをノートに書かせる。 ◎発言・ノート □数直線を使った考え方と計算の考え方を取り上げる。 □理由も説明させる。 ◎ノート・発言

実践事例 75　5年　整数の性質　**177**

実践事例 **76**

5 年

分数の大きさとたし算，ひき算 〔1時間目〕

問題

□に入る分数はあるでしょうか。

$$\frac{2}{3} = \boxed{} = \frac{8}{12}$$

提示する2つの分数を直接比較するのではなく，それと大きさの等しい分数を見つける問題にしました。まず，$\frac{2}{3}$ を中心に学習を進め，$\frac{8}{12}$ を確認問題のように位置づけて，活用することをねらっています。

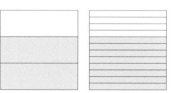

Point ❶ 正方形の枠を準備し，図で考えることを促す

分母，分子に同じ数をかける考え方だけでは，本当に等しい大きさの分数なのか説明できないので，どうしても図や数直線を用いた考えが必要になります。そこで，問題提示の場面で用いた正方形の枠を準備し，必要な子どもに配ることにします。この問題の数値ならば，1辺の長さを12cmにしておくと，説明させたい分数を，比較的簡単に表すことができます。

Point ❷ 子どもが言いたくなるように繰り返し発問する

$\frac{2}{3}=\frac{4}{6}$ や $\frac{2}{3}=\frac{8}{12}$ を確かめたあとに，「×2，×4は，できるね。」と投げかければ，子どもは「だったら×3だって…」と反応することが予想されます。また，かけ算で大きさの等しい分数を見つけたあとに，「右向きの矢印は，かけそうだね。」と投げかければ，「左向きだって…」と発言し，わり算の場合を確かめることができます。期待する発言とあえて逆のことを言ったり，教師が適度にとぼけたりして，子どもの発言を引き出します。

本時の目標	大きさの等しい分数を図などで調べたり，説明したりできる。

教師の働きかけ（■）と子どもの反応（○）	留意点（□）・評価（◎）
■$\frac{2}{3}$と$\frac{8}{12}$は大きさが等しいことを確かめる。　　**Point ❶**	□図を配付する。
■問題文を板書し，ノートに書くように促す。	
■「ある」，「ない」で予想させる。	
■「分母を変えればできそう」などの発言を引き出し，「それでは」と課題を板書する。	

大きさの等しい分数を見つけよう。

■考え方をノートにメモさせる。必要な人には，図で表すための正方形の枠を配付する。	◎ノート
■みんなで考えていきましょう。 （その１）図で考えた　　　　　（その２）式で考えた $$\frac{2}{3} = \frac{4}{6}$$ （×2, ×2） ○分母の3×2は，図が３等分から６等分になったことと同じ意味だよ。 ○分子の2×2も，「いくつ分」を見ればわかる。	□（その１）の図を実物投影機などで提示し，書いた本人と別の人に説明させる。 □（その２）を板書させ，（その１）と比較する。 □「同じ数」にかかわる発言を色チョークで強調して板書する。
■同じように$\frac{2}{3}$と$\frac{8}{12}$でも，「矢印」や「かけ算」があるのかな。　**Point ❷** ○×２，×４はできた。×３もあるはずだよ。 ○図でも表せたから，間違いない。	
■矢印は，右向きなら書けそうだね。 ○違う，わり算にすれば左向きにもできるよ。	◎発言
■本時の答えを確認する。板書の内容と教科書を関連づけながら，分数の性質をまとめる。	
■教科書の練習問題に取り組み，答えをペアや全体で確認する。	◎ノート・発言

実践事例 77

5年

平均 〔1時間目〕

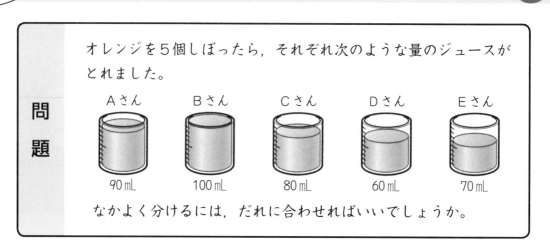

問題：オレンジを5個しぼったら，それぞれ次のような量のジュースがとれました。

Aさん 90 mL　Bさん 100 mL　Cさん 80 mL　Dさん 60 mL　Eさん 70 mL

なかよく分けるには，だれに合わせればいいでしょうか。

平均の考え方をイメージさせるために問題文を工夫しました。問題把握の場面で，子どもたちに「なかよく分ける」や「だれに合わせれば」とはどういうことかを話し合わせ，「全部を同じ量にする」「ならす」「多いものから少ないものに移す」「すべての数のまん中くらいの数になる」などをイメージさせるようにしました。

Point ❶　子どもたちに考えさせながら教える

新しい内容が出てきたとき，授業のはじめに教師が教えてしまっては，子どもの記憶に残りません。本時では，「だれに合わせれば」の意味をもとに「ならす」こと，「なかよく分ける」から「合計÷個数」の式を理解できるように展開しました。このことによって，平均の考え方に子どもたちが気づき，確かな定着につながると考えました。

Point ❷　確認問題で考えを広げる

確認問題では，平均が問題の数値に含まれない場合を取り上げます。確認問題を通して，もう一度，平均の意味や求め方を確認し，理解を確かなものにします。

本時の目標	平均の意味と求め方を説明することができる。

教師の働きかけ（■）と子どもの反応（○）	留意点（□）・評価（◎）
■絵と問題文を提示し，問題場面を確認する。 ■「『なかよく分ける』とは，どういうことでしょうか。」**Point❶** 　○全部を同じ量にする。 　○中間に合わせる。 ■予想を尋ねる。 ■多い人から少ない人に入れていき，全体の量が同じになることを「ならす」ということを確認して，課題を設定する。	□子どもの発言を板書し，「ならす」の意味を理解させる。 □問題をノートに書かせる。

全体のならし方を考えよう。

■「自分の考えをノートに書こう。」 ■机間指導で，子どもの考えを把握し，取り上げる考えとその順番を構想する。 ■いくつかの考えを取り上げる。	◎ノート □板書の考えと別な子どもに説明させる。

（その１）	（その２）	（その３）
90 mL と70 mL 100 mL と60 mL 80 mL	$(90+70) \div 2 = 80$ $(100+60) \div 2 = 80$ 残り80　　答え　80 mL	$(90+100+80+60+70) \div 5 = 80$ 答え　80 mL

■平均の用語と意味を伝える。 ■教科書の確認問題に取り組ませる。　**Point❷** 　○　$(59+68+61+64) \div 4 = 63$　　　63 g ■平均は，全体をならした量なので，はじめにない量になることもあることを確認する。 ■子どもたちの発言をもとに「平均＝合計÷個数」で求められることをまとめる。	□導入で板書した「ならす」との関連を図る。 □答えを予想させて取り組ませる。 ◎ノート・発言 □平均がはじめにない量になってもよいことに気づかせる。

実践事例77　5年　平均　**181**

実践事例 78

5 年

単位量あたりの大きさ 〔1時間目〕

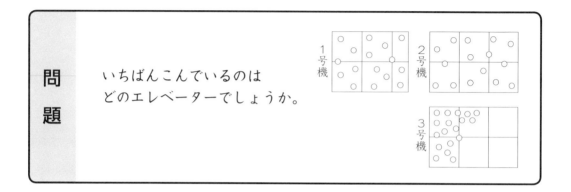

問題　いちばんこんでいるのは
どのエレベーターでしょうか。

1号機	5㎡・16人
2号機	6㎡・16人
3号機	6㎡・18人

問題提示では，数値を示さず，図だけで提示します。図の見た目から「混み具合」のイメージを全体で説明し合うとともに，広さや人数の値の必要感を高めることをねらっています。

Point ❶ 偏った図で，「混み具合」のイメージを共有する

どのような状況を「混んでいる」というのか説明させると，「人が多い」や「狭い」などの発言は容易に出ますが，本当に理解できているかといえば，疑問が残ります。そこで，3号機の図を用いて「ここは狭いよ」や「ここは人が多そうだから…」と投げかけると，「偏っているからならせばいい」「下のますに均等に分ければ」といった解決に向けた重要な考えを導くことができます。

Point ❷ 指名計画を立て，効果的な集団解決にする

例えば，人数をそろえるという観点で混み具合を調べると，1人あたりの面積と公倍数の2つの考えが出されます。それぞれの考えに対して，1号機と3号機の両方を調べるので，これだけでも4種類の式や答えを扱うことになります。また，面積をそろえる観点もあるので，さらに扱う式や答えは増えることになります。すべてを同じように扱おうとすると，発表のための集団解決で終わる危険があります。机間指導では，どの考え方の子どもが多いのか，誰の説明がわかりやすいかなどを見取り，指名計画を立てて集団解決の構想を練っておきます。

本時の目標	混み具合を単位面積あたりや１人あたりで比べることができる。

教師の働きかけ(■)と子どもの反応(○)	留意点(□)・評価(◎)
■図を掲示し，問題文を板書する。ノートに書くように促し，図をノートに貼らせる。	□図を配付する。
■直感で予想させる。その後，「混んでいる」とはどんなことなのか，図を活用して確かめる。 **Point❶**	□「広い・狭い」「人が多い・少ない」などを引き出し，板書する。
■「知りたいことはある？」の問いかけから，それぞれの広さと人数を明らかにする。	□「等しい広さなら…」「等しい人数なら…」の説明を色チョークで強調して板書する。
■「すぐに比べられるのはあるかな？」	
■１号機と３号機がそのままでは比べられない理由を発表させたあと，「それでは」とつなげて課題を板書する。	

広さも人数も違う場合の比べ方を考えよう。

■机間指導で考えを把握し，指名計画を立てる。	◎ノート
■みんなで考えていきましょう。 **Point❷**	◎発言

①面積をそろえる（公倍数） 1…30㎡で96人，3…30㎡で90人	②人数をそろえる（公倍数） 1…144人で45㎡，3…144人で48㎡
③面積をそろえる（1㎡あたり） 1…16÷5＝3.2　1㎡あたり3.2人 3…18÷6＝3　　1㎡あたり3人	④人数をそろえる（1人あたり） 1…5÷16＝0.312…　約0.31㎡ 3…6÷18＝0.333…　約0.33㎡

■「共通点はどこ？」「どうして比べられるようになったの？」 ○面積か人数のどちらかをそろえている。 ○最初に比べたように，そろえたからできた。	□③④は数直線をかかせて説明させる。
■板書の内容と教科書を関連づけながら，用語「単位量あたりの大きさ」を扱い，学習をまとめる。	
■教科書の練習問題に取り組ませ，考え方や答えをペアトークさせる。	◎ノート・発言

実践事例 78　5年　単位量あたりの大きさ　**183**

実践事例 79

5 年

わり算と分数　〔1時間目〕

問題

　　　　　　　どちらが，1人分を多く飲めるでしょうか。

　　　　　　　A　2Lを5人で等分
　　　　　　　B　1Lを3人で等分

　　　　　　　A　　　　B

　整数÷整数については，$4 \div 3 = 1.33\cdots$など割り切れない場合があり，計算結果は，必ずしも整数や有限小数で表せるとはかぎりません。そこで，$a \div b$（a, bは整数でbは0でない）の商を$\frac{a}{b}$という分数で表すことによって，除法の結果を1つの数で表せると理解できるようにします。

Point ❶　子どもの疑問を課題につなげる

　多くの教科書でも，$2 \div 3 = 0.66\cdots$などを取り上げ，困った状況から商を分数で表す方法を考えさせる展開になっています。しかし，なぜ小数でうまくいかないから分数なのか，「分数で表す必要感」を子どもに実感させるには，教師の一工夫がほしいと考え，問題を選択型にしました。また，商が$\frac{2}{3}$となっても，本当に$\frac{2}{3}=0.66\cdots$なのかスッキリしない子どもも少なくありません。

Point ❷　既習事項と比較させ類推できるように

　そこで，実生活でも目にする飲み物を等分する場面で，「2L÷5」と「1L÷3」のどちらが多いか判断する必要感と，「$2 \div 5 = 0.4 = \frac{2}{5}$」という関係と「$1 \div 3 = 0.33\cdots = \frac{1}{3}$」から類推的に考え理解する伏線を仕組み，商を表す小数と分数を相互に関係づけて問題解決できるようにしました。

Point ❸　学習を振り返り，発見的にまとめる

　1題だけで「まとめ」ることなく，3つの問題を振り返って共通点を見いだすことで，子どもたちで見つけたことが教科書にも載っていると感じさせ，知識の自覚と共有を図ります。「だったら仮分数も」と次の課題発見にもつなげていきたいものです。

本時の目標	整数÷整数の商が分数で表せることを説明できる。

教師の働きかけ(■)と子どもの反応(○)	留意点(□)・評価(◎)
■AとBの図を提示し，問題文を板書する。	◎ノート
■予想を尋ね，「ちょっと考えてみよう」と2分程度，試行錯誤の時間を取る。	
■途中だと思うけれど，困っていることや気づいたことを教えてください。 **Point ❶**	◎発言
○わり算をしたら，Aは$2÷5=0.4$，Bは$1÷3=0.33…$だからAが多く飲める。	□$2÷5=0.4$と，$1÷3=\frac{1}{3}$という既習事項からの類推を強調する。
○Bは1Lの3等分だから，$\frac{1}{3}$Lだよ。	
○$1÷3=0.33…=\frac{1}{3}$と言うこと？	
○Aも$2÷5=\frac{2}{5}$と表していいのかな？	
■「それでは」とつなげ，課題を板書する。 **Point ❷**	
本当に$2÷5=\frac{2}{5}$なの？ 説明しよう。	
■5分程度，考えをノートにメモさせ，机間指導で指名計画を立てる。	◎ノート
■みんなで考えていきましょう。	□途中で考えの一部を数名に板書させる。

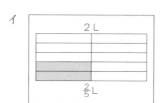

■アやイは，どのように考えたのだろう。	□本人とは別の子どもに説明させる。
○アは，2Lを10に分けた2つ分で$\frac{2}{10}$L	
○イは，1Lを5等分した2つ分で$\frac{2}{5}$L	
■「どちらに賛成？」と板書し問いかける。	◎発言

①面積図で2Lを5等分	②小数と分数の関係から
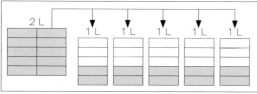	
	③小数を分数に直して
	$2÷5=0.4=\frac{4}{10}=\frac{2}{5}$なので $2÷5=\frac{2}{5}$

■確認問題「3Lの7等分」でペアトークさせる。	◎ノート・発言
■$1÷3=\frac{1}{3}$，$2÷5=\frac{2}{5}$，$3÷7=\frac{3}{7}$を振り返って共通点を問い，$○÷△=\frac{○}{△}$をまとめ，教科書で確認する。 **Point ❸**	□「だったら，5÷3（仮分数）は？」などの声を引き出す。
■教科書の練習問題に取り組ませ，ペアトークさせる。	

実践事例 80

5 年
三角形や四角形の角　〔1時間目〕

問題

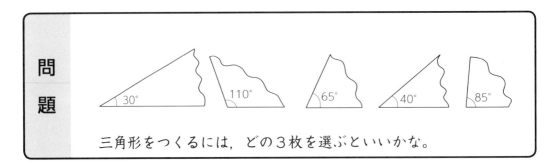

三角形をつくるには、どの3枚を選ぶといいかな。

本単元では、三角形や多角形の内角の和が何度か考えていきます。知識として定着させていく必要もありますが、それだけではなく三角形では帰納的に、そして多角形では演繹的に考えていく活動を大切にしながら、内角の和がいくつか導きます。

Point ❶　予想を立てて帰納的に確かめる展開に

本時は、三角形の内角の和について学びます。帰納的に考えていくために、予想を立てさせる必要があります。そこで、5つの角の中から3つの角を選び、三角形を完成させる問題を提示します。30°、40°、110°の3つの角と、85°、65°、30°の3つの角を組み合わせることで、2通りの三角形ができます。2つの三角形の共通点から、どのようなときに三角形ができるのか尋ね、三角形の内角の和が180°だと予想をたてます。この予想に対して「絶対に？」と問い返し、どんな三角形でも3つの角の和が180°になるのかという本時の課題を得ることができます。

Point ❷　帰納的に考える必要感をもたせて活用できるようにする

課題が出たところで教師から「いろいろな三角形で確かめてみよう」と投げかけるのではなく、予想が正しいかを確かめるにはどうしたらいいのかと尋ねます。子どもから「いろいろな三角形で確かめたい」という発言を引き出し、帰納的に考える必要感をもたせます。まとめでは、内角の和が180°であることを確認すると同時に、なぜいろいろな三角形で確かめたのか、帰納的に考えるよさを確認します。このような活動を通して、その後の問題解決でも帰納的に考えることができるようにします。

本時の目標	三角形の3つの角の大きさの和が180°であることを，帰納的に考え，説明できる。

教師の働きかけ(■)と子どもの反応(○)	留意点(□)・評価(◎)
■問題文「三角形をつくるには，どの3枚を選ぶといいかな。」を板書し，図を黒板に貼る。 ○実際に合わせてみるといいね。 ○どんな角でも3つを合わせると三角形はできるのかな。	□角を印刷したワークシートを配付する。
■短時間，個人で取り組ませる。 ○30°，40°，110°の紙と，85°，65°，30°の紙を合わせると，三角形ができたよ。 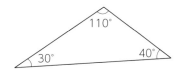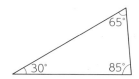	□完成した三角形を黒板に貼らせる。
■三角形ができるときとできないときの違いは何だろう。 **Point❶** ○3つの角を合わせると，どちらの三角形も180°になるよ。	□できあがった2つの三角形の共通点を考えさせる。
どんな三角形の角を合わせても180°になるかな？ 確かめよう。	
■確かめるにはどうしたらいいかな。ペアで話し合ってみよう。 ○偶然で180°になったのかもしれないね。	□帰納的に考える必要感をもたせる。 ◎発言
■いろいろな三角形を作図して，三角形の3つの角の和を求めよう。	□正三角形や鋭い角をもつなど特徴的な三角形も取り上げる。
■みんなで確かめよう。 ○本当に180°になったよ。 ○とんがっている三角形や正二角形，三角定規の3つの角の和も180°になるね。 ○調べた三角形の3つの角の和はすべて180°だね。三角形の角の和は180°だね。	
■どうして，いろいろな三角形で確かめたのかな。 **Point❷** ○たまたま調べた三角形の角の和が180°になっただけかもしれないから，いろいろな三角形で確かめたんだね。	□帰納的に考えるよさを確認する。 ◎発言

実践事例 81

5 年

表や式を使って 〔1時間目〕

問題

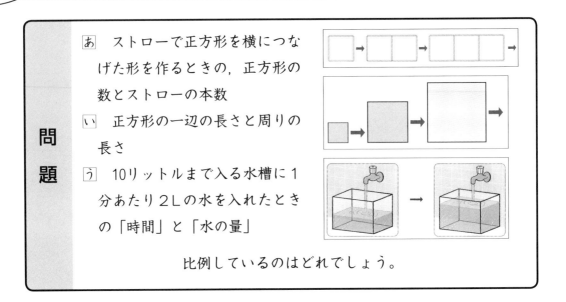

あ ストローで正方形を横につなげた形を作るときの，正方形の数とストローの本数

い 正方形の一辺の長さと周りの長さ

う 10リットルまで入る水槽に1分あたり2Lの水を入れたときの「時間」と「水の量」

比例しているのはどれでしょう。

子どもたちは4年生で，伴って変わる2つの数量の関係を調べ，5年生でもすでに「比例」という言葉とその意味を学習しています。

Point ❶ よく見られるつまずきを含めた問題を提示する

そこで本時は，「比例」の関係であると子どもたちが勘違いしそうなものも含めた問題を提示し，変わり方について表を用いて調べるよさを感じられるようにしました。あは「ストローが3本ずつ増えるが比例ではないもの」，うは水の量が10リットルまでしか入らないため，時間が6分，7分…と進んだ場合に比例関係ではなくなるものです。

Point ❷ 場面・表・式を結びつけて数量の関係を捉え，式のよさを味わう

表から見え始めた2つの数量の関係を式に表していくことで，「一方の値がわかることで，もう一方の値もわかる」など，式のよさに気づけるようにしたいものです。その際には，表の数字の変化・対応だけでなく，「表の縦の関係が4倍になっている理由」についても問い返していくなど，実際の場面と結びつけて捉えられるようにする教師の適切なかかわりが重要です。

本時の目標	伴って変わる2つの数量の関係について，表をもとに比例の関係を見いだし，説明することができる。

教師の働きかけ(■)と子どもの反応(○)	留意点(□)・評価(◎)
■問題文を提示し，予想を挙手させる。 ■3つの場面を図で提示する。 ■少し考えてみよう。　　　　　　　　　　**Point❶** 　○あもいもうも，同じ数ずつ増えていくね。 　○どれも比例になっているように見えるけれど，比例ではないものもあるのかな。	 □個人思考の前に表の枠を配り，ノートに貼らせる。

表を使って変わり方のきまりを見つけ，比例かどうか説明しよう。

教師の働きかけ(■)と子どもの反応(○)	留意点(□)・評価(◎)
■ノートに自分の考えを書きましょう。	◎ノート
■机間指導で，子どもの考えを把握し，取り上げる考えと順番を構想する。	
■みんなで考えていきましょう。 　○あは，正方形の数が1増えるとストローの数が3ずつ増えていくね。でも，<u>2倍，3倍，…にはなっていないね。</u> 　○いは，<u>一辺の長さが2倍，3倍…になると，周りの長さも2倍，3倍…になっているから，比例だね。</u> 　○うは，水の量が10リットルから増えないから，5分後からは比例とはいえないよ。	◎発言 表 表 表
■いの2つの数量が比例していることを確認し，教科書の例題に取り組ませる。　　　　　　　　　　　　**Point❷** 　○周りの長さは1辺の長さの4倍だね。 　○関係を式に表すと，○×4＝△だね。	□表を見るだけでなく図と照らし合わせて関係を確認する。
■確認問題として，「周りの長さが100cmのときの1辺の長さ」を求め，板書のキーワードによってまとめる。 　○表を使って決まりを見つけ，式に表すと，実際に調べなくてもわかるね。「〜ずつ増える」からといって比例とはかぎらないよ。 ■教科書の練習問題に取り組ませ，ペアトークさせる。	□色チョークで線やキーワードを加えてまとめにつなげる。 ◎ノート，発言

表(あ):

正方形の数(個)	1	2	3	4	5	6
ストローの本数(本)	4	7	10	13	16	19

表(い):

一辺の長さ(cm)	1	2	3	4	5	6
周りの長さ(cm)	4	8	12	16	20	24

表(う):

時間(分)	1	2	3	4	5	6
水の量(L)	2	4	6	8	10	10

実践事例 81　5年　表や式を使って

実践事例 82

5 年

割　合　〔1時間目〕

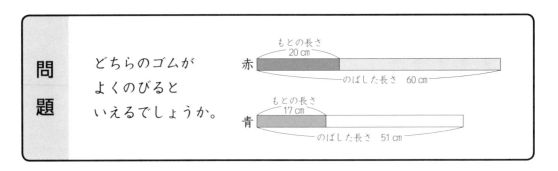

問題：どちらのゴムがよくのびるといえるでしょうか。

　教科書の問題の趣旨を生かしつつ，いきなり小数倍を扱うのではなく，整数倍で導入しています。子どもが「何倍」に気づくには，大きい数を小さい数でわる問題がイメージしやすく，数値については，「もとの長さが違うから，差では求められない」という考えを引き出しやすいよう，「もとが長い方が長く伸びる」ように設定しました。差では，「赤の方が大きい」のですが，割合で考えると「同じ」になるところがおもしろいところです。

Point ❶　実感で「よくのびる」という感覚を

　問題の「よくのびる」ということを，子どもたちがわかるかどうかが本時の正否を分けます。そこで，「やわらかいゴム紐」と「かたいゴム紐」を用意し，子どもたちに実際にのばさせ，「よくのびる」とはどういうことかを実感させることにしました。この感覚をもとに，子どもたちはゴム紐によってのび方が違うことを意識できると考えました。

Point ❷　「おや？」「ん？」をしかけて，「だって」を引き出す

　誤答を生かし，「差で答えを求める考え」から集団解決を始めることで，子どもたちの「おや？」や「ん？」を生み出し，「だって」を引き出します。「もとの長さが違うから，当然，もとの長さが長い方がのびた長さも長くなる」という考えをもとに，差では比べられないことを確認し，新しい比べ方に気づくよう導きます。新しい比べ方が「割合」であることを教え，既習の「単位量あたりの大きさ」との違いにも気がつけるようにしたいものです。

本時の目標	数量の大きさの関係を捉えるとき，割合（倍）で捉えることが妥当な場面があることに気づく。

教師の働きかけ(■)と子どもの反応(○)	留意点(□)・評価(◎)
■のび方の異なる2本のゴムを配付し，「よくのびる」とはどういうことかを実感させる。　Point❶	□実物を配付し，実感させる。
■問題を板書する。カードで配り，ノートに貼付させる。	□教科書は開かない。

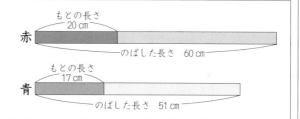

どちらのゴムが，
よくのびるといえるでしょうか。

■予想を尋ね，「本当？」と問いかけ，課題を板書する。	□もとの長さが違うことを確認する。

どちらがよくのびるか説明しよう（比べ方を説明しよう）。

■机間指導で「差で考えた」，「倍で考えた」子どもを把握し，指名計画を立てる。	□線分図や数直線の活用を促す。 ◎ノート
■みんなで考えよう。	

(その1) 差で考えた 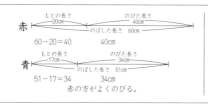	(その2) 倍で考えた 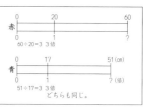

○（その1）それぞれの差で考えたよ。 ○もとの長さが違うから差では，どちらがよくのびるかわからない。 ○（その2）のばした長さがもとの長さの何倍のびるか考えたよ。	□教師が適度にとぼけて，差では比べられないことに気づくよう仕向ける。 ◎発言
■新しい比べ方が出てきたことを確認し，ペアトークさせ，どちらが妥当か考えさせる。　Point❷	□「ん？」というタイミングでペアトークさせる。
■「もとの長さ」を1として考えていることを強調して「割合」の意味を確認し，まとめにする。	□黒板のキーワードを色チョークで強調し，まとめる。
■教科書の練習問題に取り組ませ，数直線や線分図を用いて，ペアトークさせる。	◎ノート・発言

実践事例 83

5 年

帯グラフと円グラフ　〔1時間目〕

問題

表は，リンゴの出荷量を表しています。グラフは，表をもとに作られているといえますか。

県名	出荷量(万t)
青森県	33
長野県	12
岩手県	4
山形県	3
福島県	2
その他	4
合　計	58

（2011 作物統計）

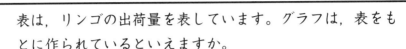

　グラフについては棒グラフ，折れ線グラフをこれまでに学んできました。これらのグラフが量を表すグラフであるのに対して，本単元で学ぶ帯グラフ，円グラフは割合を表すグラフです。量を表すグラフと割合を表すグラフの違いに気がつくことのできる展開を考えました。

Point ❶　表とグラフの比較から本時の目標に迫る

　本問題では，表で出荷量だけ，グラフで割合だけを示し，その関係について尋ねています。それぞれの合計の値や，出荷量とグラフの目盛りとの比較から出荷量を表したグラフではないとわかります。さらに，グラフの合計が100であることや，全体の出荷量が58万tであるのに対して青森県が33万tであることから割合が57％となり，グラフの数値と一致します。これらから，問題のグラフは量ではなく割合を表していると気づくことができます。

Point ❷　帯グラフと円グラフを比較し，共通点を考える

　本時は円グラフについても学習します。2つのグラフの形は異なりますが，どちらも割合を表しています。円グラフの読み方を確認問題で位置づけることで，割合を表すグラフの読み方を理解させます。その後，2つのグラフの共通点から，「全体に対する部分の割合」や「部分どうしの割合」を比べやすいというよさを確認し，本時をまとめます。

本時の目標	帯グラフ，円グラフの特徴に気づき，読み方を説明できる。

教師の働きかけ（■）と子どもの反応（○）	留意点（□）・評価（◎）
■問題文を板書し，表とグラフを掲示する。	□教科書は開かない。
■表をもとにグラフが作られているか考えさせる。　**Point ❶**	□グラフの単位は示さない。
○表もグラフも青森県が1番多いね。	
○青森県は表だと33万 t だけれど，グラフだと57で数が違うね。	
○表とグラフは関係ないのかな。	
グラフは何を表しているのかな。	
■自分で考えよう。	
○グラフの単位は何なのかな。	□グラフと表を比較させる。
○グラフと表の合計の値が違うね。	◎ノート
■みんなで考えてみよう。	□示されている数値から考
○グラフの合計は100になっているよ。割合の合計も100だったね。	えさせる。
○全体の出荷量が58万 t で，青森県の出荷量が33万 t だから，割合	◎発言
は57％だよ。	□他の県でも割合を表して
○グラフで青森県は57のところだから，グラフは割合を表していて，	いるか確認させる。
単位は％だね。	□教科書を開く。
○割合を長方形で表しているものを，帯グラフというんだね。	
■帯グラフと円グラフの共通点と相違点を考えさせる。　**Point ❷**	□これまで学習したグラフ
○2つとも割合を表しているグラフだね。	を想起させて，帯グラフ
○長方形のグラフで表しているのが帯グラフで，円で表しているの	と円グラフの特徴を考え
が円グラフだね。	させる。
○どちらのグラフも全体からみて，青森県がどれくらいなのかわか	◎発言
りやすかったよ。	
○岩手県と山形県は同じくらいだね。	
○資料の全体と部分，部分と部分の関係を比べやすいね。	
■教科書の練習問題に取り組ませ，ペアトークさせる。	◎ノート・発言

実践事例 83　5年　帯グラフと円グラフ　**193**

実践事例 84

5年
分数と整数のかけ算，わり算　〔1時間目〕

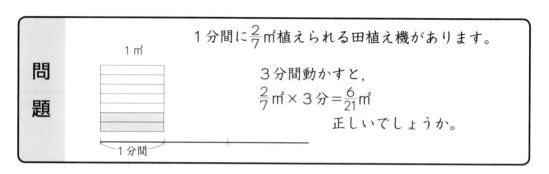

問題：1分間に $\frac{2}{7}$ m² 植えられる田植え機があります。3分間動かすと，$\frac{2}{7}$ m² × 3分 = $\frac{6}{21}$ m² 正しいでしょうか。

　教科書では，「1 dLで $\frac{2}{7}$ m²の板をぬれるペンキ3 dLでは，何m²の板をぬれるか」を問題としています。本時ではこのような問題の趣旨を生かし，田植え機を用いる場面の提示から，面積が連続的に広がっていくイメージをもたせ，$\frac{6}{21}$ m²という誤答を扱うことで面積図のイメージとのずれを感じさせる工夫をしています。

Point ❶　「本当らしく見える誤り」の提示から，面積図を用いる必要感を生み出す

　分母と分子の両方に3をかけるという一見正しそうに見える誤りと面積図を見比べる中で，「このまま3分間田植え機が進んでいっても，『$\frac{6}{21}$ m²』にはならないのではないか」などと話し合う姿が期待されます。このことから，「面積図をかいて確かめよう」「どのように計算したらいいのかな」などと考える必要感が生まれてきます。

Point ❷　面積図と式を結びつけながら，ねらいに迫る発問を

　例えば，分子だけに3をかけて，「$\frac{6}{7}$ m²」が妥当であるという考えに対して，「$\frac{6}{7}$の『7』や『6』はどういう意味かな」「図でいうとどこにあたるかな」などと発問することで，「1 m²を7等分したという意味だ」「だから $\frac{1}{7}$ m²が6つ分だ」などという考えを引き出します。また，面積図を用いて考えると，一見「$\frac{6}{21}$ m²」に見えることを生かして，「$\frac{6}{21}$ も，6つ分だよね」と発問することで，「$\frac{1}{21}$の6つ分は正しくない」「$\frac{1}{7}$ m²をもとにしなければいけない」などと，図と式を結びつけながら説明し，ねらいに迫る考えを引き出すことができます。

本時の目標	分数×整数のかけ算の仕方を，分数の意味や既習の計算をもとに図や式などを用いて考え説明できる。

教師の働きかけ（■）と子どもの反応（○）	留意点（□）・評価（◎）
■問題の場面について話し合う。　　　　　**Point ❶** 　○分母と分子に3をかけなければいけないから，$\frac{6}{21}$㎡は正しいと思う。 　○$\frac{6}{21}$㎡だと，答えが小さすぎるような気がするよ。 　○小数になおして計算するのも，難しそうだね。 　○$\frac{6}{21}$㎡が本当に正しいか，確かめてみよう。 　　　$\frac{2}{7} \times 3 = \frac{6}{21}$は，正しい？　間違い？　わけを説明しよう。 ■ノートに自分の考えを書いてみよう。 ■机間指導で，子どもの考えを把握し，取り上げる考えと順序を構想する。 　○面積図を使って考えると，$\frac{2}{7}$㎡の3つ分で，$\frac{6}{7}$㎡が正しいことがわかるよ。 　○$\frac{2}{7} + \frac{2}{7} + \frac{2}{7}$と考えると，$\frac{6}{7}$㎡が正しいことがわかるね。 　○$2 \div 7 = 0.285\cdots$となってしまう。 ■みんなで考えていきましょう。　　　　**Point ❷** 　○正しい答えは，$\frac{6}{7}$㎡だと思うよ。 　○面積図は，21個に分けた6つ分のように見えるけど，それだと3㎡を1と見ていることになる。 　○$\frac{6}{7}$㎡の「7」は，1㎡を7等分したということだね。 　○$\frac{6}{7}$㎡の「6」は，それが6つ分あるということだね。 　○1㎡を7等分した1つ分がもとにならなければいけない。図を見ると，それが6つあることがわかるから，$\frac{6}{7}$㎡が正しい。 ■教科書の確認問題に取り組ませ，まとめを行う。 　○ほかの場合も同じようにできるかな。 　○$\frac{2}{7} \times 4$は，$\frac{1}{7}$㎡の8つ分と考えて，$\frac{8}{7}$㎡になるね。 　○分数×整数の計算は，分子に整数をかければいいんだね。 ■教科書の練習問題に取り組ませ，ペアトークさせる。	◎ノート □途中で数名に考えの一部を板書させる。 （面積図） 1㎡ 1分間 ◎発言 □面積図を根拠にして，「$\frac{6}{7}$㎡」が妥当であることが明らかになった段階で，「7」や「6」の意味を問う。 □「$\frac{6}{21}$だって，6つ分だよ？」と問い，「$\frac{1}{21}$㎡の6つ分ということになってしまう」「1㎡を7等分した1つ分をもとに考えないといけない」などという考えを引き出す。 ◎ノート・発言 □教科書を開く ◎ノート・発言

実践事例 84　5年　分数と整数のかけ算，わり算　**195**

実践事例 85

5 年
四角形や三角形の面積　〔1時間目〕

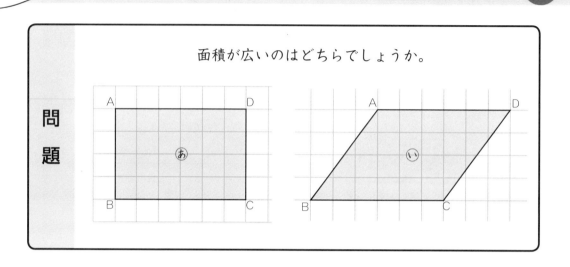

　面積が等しい長方形と平行四辺形を提示します。長方形や正方形は，辺の長さによって面積を求めることができますが，平行四辺形は，辺の長さだけで面積を求めることができません。そこで，縦と高さの違いを明確につかませるために，あえて同じ面積にしました。同じ4cmでも違うことに注目させ，初めて出てくる「高さ」について理解させようと考えました。

Point ❶　復習は必要に応じて，自然な流れで行う

　授業の導入で，本時の学習内容にかかわる既習事項を確認する時間をとることがあります。しかし，これでは，「問題解決の授業」のよさが半減します。問題解決のよさは，子どもが主体的に既習事項を生かして問題や課題を解決することにあります。そこで，本時では，長方形を使って面積の復習を自然に行い，既習事項の確認ができるようにしました。

Point ❷　類似した問題を取り上げ，まとめにつなげる

　確認問題では，変形すると正方形になる平行四辺形を取り上げます。長方形だけでなく，正方形も意図的に取り上げることで，平行四辺形の面積は，面積の求め方がわかるかたちに変形すればよいことを強く印象づけたいと考えました。また，長方形と正方形を扱うことにより，子どもたちで本時の学習内容をまとめることができます。

本時の目標	平行四辺形の面積の求め方を説明することができる。	
教師の働きかけ(■)と子どもの反応(○)		留意点(□)・評価(◎)

教師の働きかけ(■)と子どもの反応(○)	留意点(□)・評価(◎)
■問題文と図を提示する。	□図形の名前を確認し,問題文を書かせる。
■答えを直感で予想させる。 　○面積が広いのはあ。　○面積が広いのはい。　○面積は同じ。	
■「面積がすぐにわかるのは,どっち？」と問い,あの面積を確認する。 　○あの面積：4×6＝24㎠	
■「本当？」と言って,24が何の数かを黒板の図を使って子どもに説明させる。　**Point ❶** 　○1㎠の個数。	□既習事項の確認をする。
■「平行四辺形の面積はわからないよね」と言い,「わかる」という子どもの反応を受けて,課題を板書する。	□子どもにできそうだと感じさせる。
平行四辺形の面積の求め方を説明しよう。	
■図を配付し,個人思考させる。	□図は,線を引いたり,切ったりしてもよいことを伝える。
■机間指導しながら,集団解決で取り上げる考えを探し,いの拡大図(黒板用)を切らせる。	◎ノート・操作

(その1)　1㎠を数えようとしたら…

(その2)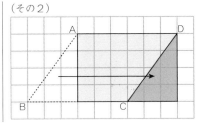

(その3)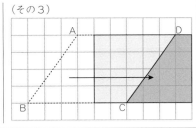

教師の働きかけ(■)と子どもの反応(○)	留意点(□)・評価(◎)
■(その1)(その2)(その3)の順に考えを説明させ,面積は同じことを確認する。	□平行四辺形の高さと長方形の縦の違いに注目させる。
■変形すると正方形になる平行四辺形の図を確認問題として取り組ませる。　**Point ❷**	◎操作
■「平行四辺形の面積は,どうすればわかったかな？」と問い,子どもの発言を生かしてまとめる。 　○平行四辺形の面積は,長方形や正方形にすれば,求められる。	◎発言 □教科書で確認する。

実践事例85　5年　四角形や三角形の面積　　197

実践事例 86

5 年

正多角形と円　〔1時間目〕

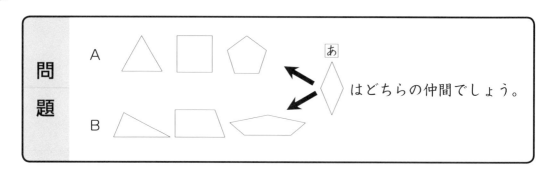

問題

本時は，すでに学習している「多角形」を新たな視点で見ることによって，「特別な多角形」が抜き出せることに気づけるような展開を目指しました。

Point ❶　帰納的な考え方をもとに，図形の特徴を言語化していく

本問題のAを提示されると，子どもは真っ先に「きれいに整った形」という印象をもつことでしょう。先が見えてきたような気がしたタイミングを見計らい，ひし形はその仲間といえるのか，いえないのかを考えていくことで，図形のどの構成要素によってそのような印象を受けるのかに着目していけるようにします。

Point ❷　似て非なる図形を吟味することで内包と外延を理解できるようにする

「正多角形」とはどのような形であるかを正しく理解するためには，「正多角形ではない図形」についても正しく理解することが不可欠です。

本時では，ひし形は「辺の長さ」に着目するとAの仲間だが，「角の大きさ」に着目するとAの仲間ではないということに気づきます。また，等角な多角形を提示することで，「辺の長さが等しければ，角の大きさはすべて等しくなる」「角の大きさを等しくしたら，辺の長さがすべて等しくなる」などの誤解を解くことができるようにしていきます。

このように，構成要素に着目して図形を見直すことを通して，これまでは一つ一つ個別に扱ってきた「正三角形」と「正方形」を同じ仲間として見るという新たな見方を獲得していけるようにしていきます。

本時の目標	正多角形の性質や特徴を見いだすことができる。

教師の働きかけ（■）と子どもの反応（○）	留意点（□）・評価（◎）
■ △ ◁ の順に図を提示する。	□個人思考の前にカードを配り，ノートに貼らせる。
■ □ ▱ ⬠ ⬟ の図形がどちらの仲間になると思うか，理由は聞かずに予想を挙手させながら黒板に貼っていく。	
■ ◇ の図を提示し，どちらの仲間になると思うか予想を挙手させ，課題を板書する。 **Point ❶**	
どちらの仲間か考えて，説明しよう。	
■ノートに自分の考えを書きましょう。	
■机間指導で，子どもの考えを把握し，取り上げる考えと順番を構想する。	◎ノート
■みんなで考えていきましょう。 　○あは，Aの仲間だと思うよ。あもAも，辺の長さがすべて等しい多角形だから。 　○でも，あがきれいに整っていないのが気になるなあ。	◎発言
■「きれいに整ってない」とは，どのような意味なのでしょうか。 　○つぶれているように見えるよ。 　○角の大きさが等しくないね。	
■それでは， ⬠ はどちらの仲間でしょう。 **Point ❷** 　○「すべての角の大きさが等しい」からAの仲間ということもできるし，「辺の長さが異なる」からBの仲間ということもできるね。 　○Aは，「すべての辺の長さ，角の大きさが等しい多角形」だね。	□色チョークで線やキーワードを加えてまとめにつなげる。
■教科書で用語「正多角形」を確認し，まとめる。	
■教科書の練習問題に取り組ませ，ペアトークさせる。	◎ノート・発言

実践事例 86　5年　正多角形と円　**199**

実践事例 87

5 年

角柱と円柱　〔1時間目〕

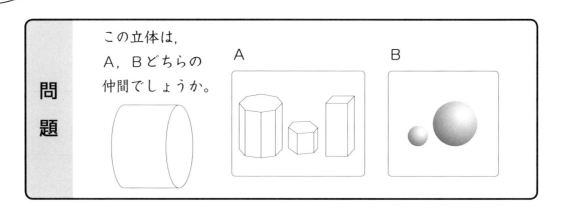

問題　この立体は，A，Bどちらの仲間でしょうか。

　教科書の多くは，いくつかの角柱と円柱を2つの仲間に分類する活動から，それぞれの立体の意味理解につなげています。本時では，角柱と円柱に球を加えて，仲間分けすることにしました。球があることによって，曲面の有無という角柱と円柱の違いに意識を向けることができます。また，提示する円柱の向きに一工夫を加えることで，より多様な考えを引き出すことをねらっています。

Point ❶　意図的に考えを取り上げ，「どちらでもない」を際立たせる

　問題では「どちらの仲間」と問われていますが，本時の目標を達成するには，「どちらでもない」の考え方が必要になります。そこで，机間指導の場面で，「どちらでもない」と考えた子どもを把握しておき，最後に取り上げます。教師の問い返しで，「A，Bとも似ているけれど，同じとはいえない」という考えを繰り返し発言させ，別の立体といえることを，全体で確認します。

Point ❷　ネーミングを通して立体の特徴を明らかにする

　各グループにネーミングすることで，立体の特徴により注目させることができます。例えば「グループごとに箱に片付けるとしたら，箱に何と名前をつけておいたらわかりやすいかな」などと問いかけ，そのグループだけに認められる特徴を生かしてネーミングさせます。子どもの言葉をもとにしているので，立体の特徴をイメージしやすく，次時に学習する角柱と円柱の性質につなげることができます。

本時の目標	立体の分類を通して，角柱と円柱の特徴を説明することができる。

教師の働きかけ(■)と子どもの反応(○)	留意点(□)・評価(◎)
■立体模型を見せる。A，Bグループの図を提示し，立体模型を仲間分けしてみせる。	□教科書は閉じておく。
■円柱の立体模型を見せる。問題文を板書し，ノートに書くように促す。	□図を配付し，ノートに貼らせる。
■直感で予想させ，人数を確認する。	
■「勘で決めたのかな？」などと問いかけ，子どもとのやり取りから，課題を設定する。	

理由をはっきりさせて，仲間分けしよう。

■机間指導で，子どもの考えを把握し，指名計画を立てる。	◎ノート
	□必要に応じて，立体模型に触れさせる。
■みんなで考えていきましょう。　　　Point ❶	

①Bの仲間	②Aの仲間	③どちらでもない
・丸がある	・柱みたいな形	・立たない面もある
・転がる	・立てられる	・A，Bどちらにも似ている

○形が円の面があるけど，球とは少し違うな。	◎発言
○確かに立つけれど，曲面と平面では違いがある。	
■「どちらでもない」の考えを認め，立体の特徴を意識して，各グループにネーミングさせる。　　　Point ❷	□ネーミングで特徴の違いを明らかにする。
○Aは「四角い柱グループ」など	◎発言
○問題の立体は「丸い柱グループ」など	
○Bは「球」のままでいいね。	□グループの特徴が記されたそばに，色チョークで強調して，立体名を板書する。
■用語「角柱」「円柱」を伝え板書する。教科書を開いて，補足する。	
○四角い柱グループは角柱だね。	
○丸い柱グループは円柱だね。	
■教科書の練習問題で示されている立体について調べさせ，名前とそう考えた理由をペアトークで確認させる。	◎ノート・発言

実践事例 87　5年　角柱と円柱　**201**

6 年 文字を使った式 〔1時間目〕

問題

（□×2＋2）÷2－□　の答えはいくつでしょうか。

※□には同じ数字が入ります。

式で文字を使う場合には，次の3つがあります。
①任意の数を表す場合
②未知の定数を表す場合
③変量を表す場合

教科書では，①→②→③の順で学習が進むように単元を構成しています。本時は，「数量を表す□や○などの代わりに，xやa，bなどの文字を使うことを知る」ことが目標です。「教師が□をxと書きます」と伝えるだけではなく，どんな数を入れても答えが「1」になる式の計算に取り組むことで，任意の数□をxと表すことが印象づけられるのではないかと考えました。

Point ❶ いろいろな数を紹介し，集団解決の充実を図る

集団解決でいろいろな数を取り上げることで，学級全員で考え合うことができます。そのためには，いろいろな数（桁の違うもの）だけではなく，あえて誤答なども取り上げます。答えが「1」になることに気づいたあとに，答えが1になっていない式を見たら，子どもたちは自主的に計算し，答えを確かめるはずです。みんなで考えたと思わせることで，充実した集団解決となります。

Point ❷ 教えなければならないことは，確実に教える

□をxと表すことは，子どもたちに考えさせることではありません。教えなければならないことは，確実に教える必要があります。本時では，□や○，△の代わりに，xやa，bなどの文字を使うこと，その文字の書き方がそれにあたります。

本時の目標	数量を表す□，○，△などの代わりに，x，a，bなどの文字を用いて式に表す場合があることを知る。

教師の働きかけ(■)と子どもの反応(○)	留意点(□)・評価(◎)
■問題を提示し，ノートに書かせる。	□計算の順序を確認する。
■□には，好きな数を入れて計算することを知らせる。	
■答えを予想させる。 　○入れる数によって答えは違う。 　○0になる。	□直感で予想させる。
■取り組むことを確認して，課題を設定する。	
<div style="text-align:center">□に好きな数字を入れて計算しよう。</div>	
■個人思考の時間を取り，□に好きな数字を入れて計算させる。	□解き終わった子どもは，違う数を入れて計算するよう促す。
■計算ができた子どもに板書させる。　**Point❶** 　① （1×2＋2）÷2－1＝1 　② （2×2＋2）÷2－2＝1 　③ （5×2＋2）÷2－5＝1 　④ （12×2＋2）÷2－12＝1 　⑤ （100×2＋2）÷2－100＝	□なるべくいろいろな桁数のものを取り上げる。また，計算途中のものや答えが間違えているものでもよい。
■□にどんな数を入れても，答えが「1」になることを確認する。	
■□の代わりにxを使うことがあることを教え，「$(x×2＋2)÷2－x$」と書かせながら，xの書き方を確認する。　**Point❷**	□教えなければならないことは，確実に教える。
■本時では，どんな数にxを使ったのかを考えさせ，まとめる。	
■教科書を読ませ，□と○を使った式を探させる。	□読ませたら，問題場面を確認する。
■「$(□＋5)×100＋○－500$」の式を取り上げ，□をa，○をbと表すことを教え，a，bの書き方を確認し，「$(□＋5)×100＋○－500$」をa，bを使って書かせる。	◎ノート，発言
■教科書の練習問題に取り組ませ，ペアトークさせる。	◎ノート，発言

実践事例 89

6 年

対称な図形 〔1時間目〕

問題

□には，どんな数が入るでしょうか。

ひし形⇒□　　二等辺三角形⇒□　　平行四辺形⇒□

問題を提示する前に，正方形⇒4と正三角形⇒3を全体で取り扱い，図形によって□の数が異なることや，何らかのきまりに従って数がきまっていることを確認します。2つの図形を例に，類推を促して問題の把握につなげます。

【本時の正解】
正　方　形 ⇒ 4
正 三 角 形 ⇒ 3
ひ　し　形 ⇒ 2
二等辺三角形 ⇒ 1
平行四辺形 ⇒ 0

Point ❶ 予想とのずれから生じた，子どもの「はてな？」を課題設定に生かす

多くの子どもは，辺や角，頂点に注目し，正方形⇒4，正三角形⇒3と予想します。同様に，ひし形⇒4と予想しますが，正解は2であることを伝えます。予想とのずれから，子どもの中に「はてな？」が生まれ，この「はてな？」をきっかけにして課題を設定することで，目的意識をもって個人思考に取りかかることが期待できます。

Point ❷ 具体的な操作での実感からまとめにつなげる

個人思考において，多くの子どもが折り目の数に気づいたならば，集団解決で考えを発表し合えますが，そうならない場合も考えられます。そのときには，不完全でもかまわないので，□に入る数と折り目の関係に注目した子どもの考えを取り上げて検討していきます。いずれにしても，「折ってぴったり重なるかどうか」という，確かめたいことを明確にしてから，再び具体的な操作を行うことで，線対称の意味の実感を伴ったまとめにつなげることができます。

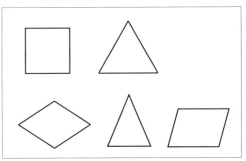

本時の目標	線対称な図形や対称の軸の意味に気づく。

教師の働きかけ（■）と子どもの反応（○）	留意点（□）・評価（◎）
■正方形の図を提示し，「正方形⇒④」を伝える。	□図形を配付し，名前を確認する。
■正三角形の図を提示し，「この場合は□に何が入るかな？」などとやり取りして，「正三角形⇒③」を確認する。	□正方形，正三角形に入る数は，教師から正解を伝える。
■ひし形の図を提示し，問題文「□にはどんな数が入るでしょうか。」を板書し，予想させる。	□ひし形の正解はまだ伝えない。
■予想の結果を発表させる。	
■二等辺三角形を提示し，同様に尋ねる。	
■平行四辺形を提示し，□に入る数とその理由をノートに書かせる。	□机間指導で，辺や角の数に注目している子どもを把握する。
■考えを発表し合わせる。 **Point ❶** 　○平行四辺形の場合は④なのかな？ 　○辺（角，頂点）の数に注目して考えた。	
■ひし形，二等辺三角形，平行四辺形にあてはまる正解を伝える。辺などの数は関係ないことを確かめ合い，課題を板書する。	

> □に入る数の秘密を見つけよう。

■図を配付する。「いろいろ試してみましょう」	□5分程度を確保する。
■机間指導で子どもの考えを把握し，指名計画を構想する。	□手が止まっている子どもには，はじめに配付した図形を使うように促す。 ◎発言
■みんなで考えていこう。 　○ひし形は対角線を2本引けた。 　○切り取って折ったら，重なった。	
■折り目に注目させ，実際に試してみる。 **Point ❷** 　「図形を一つ選んで，実際に折ってみよう」 　○ぴったり重なるときの折り目の数になりそう。	□折って重なる形と，そうでない形を板書し，まとめにつなげる。
■折って重なる形があることや折り目があることを確認し，教科書で用語を確認する。	◎ノート
■教科書の練習問題に取り組ませ，「対応」を確認しながらペアトークさせる。	◎発言，ノート

実践事例

90

6 年

分数のかけ算 〔1時間目〕

問題	1dLで$\frac{4}{5}$㎡ぬれるペンキがあります。 このペンキ，$\frac{1}{3}$dLで1㎡をぬることができますか。

　「1m²をぬることができますか。」と教科書の問題の語尾を変えた理由があります。1つは，ペンキの量が少なくなっていることに注目させ，積がかけられる数よりも小さくなることを予測させるためです。6年生でもこのことに違和感を抱く子どもは少なくありません。もう1つは，分数のかけ算の意味を考えさせる際に，比例数直線を活用させたいからです。これを使って倍（比例）の関係を根拠とした立式のよさを視覚的に捉えさせたいと考えました。

Point ❶ 「例えば」と考えるよさの実感を

　算数では，簡単な数字に置き換えると考えやすくなる場面があります。分数のかけ算も整数に置き換えることで，問題の構造がわかりやすくなり，かけ算で求める（立式する）ことがはっきりします。そこで，本時では，あえてみんなで考える場面で「例えば」の考えを取り上げ，簡単な数値に置き換えて考えるよさを子どもたちに感じさせたいと考えました。

Point ❷ ノートに考えをメモさせ，ペアでトークを

　本時の目標の達成を確認するため，考えをノートにメモする活動とペアで説明し合う活動を設定しました。子どもに，考え方も含めて$\frac{4}{5}×\frac{1}{3}$で求められることを説明させたいからです。「例えば」を使って考えたり，考えをノートにメモしたり，友達に説明したりする活動を通して，子どもたちの考え，表現する力を高められることが期待できます。本時の目標を「〜説明できる」と設定した場合，ぜひとも充実させたいものです。

206　Ⅱ 実践編

本時の目標	分数のかけ算の式になることを説明できる。

教師の働きかけ（■）と子どもの反応（○）	留意点（□）・評価（◎）
■問題文「1dLで$\frac{4}{5}$㎡ぬれるペンキがあります。このペンキ，$\frac{1}{3}$dLで1㎡をぬることができますか。」を板書し，ノートに書くよう促す。	□教科書は開かない。
■「できる」，「できない」で予想させる。	□1㎡よりも少ないことを押さえる。
■「できない」の予想から，「では，何㎡ぬれるのかな？」とつなげ，課題を板書する。	

$\frac{1}{3}$dLでぬれる面積の求め方を考えよう。

教師の働きかけ（■）と子どもの反応（○）	留意点（□）・評価（◎）
■机間指導で，「例えば2dLだったらと考えている子」「式を書いている子」「数直線をかいている子」に話しかけ，そのやりとりを考えが停滞している子どものヒントとする。	□5分程度の時間をとり，式と数直線の一部を板書させる。 ◎ノート
■みんなで考えよう。　**Point ❶**	◎ノート・発言 □一部を板書した考えを推測したりつけ足したりして，多くの子どもに説明させる。
○例えば，2dLだったら， 　$\frac{4}{5}$㎡×2dL=$\frac{8}{5}$㎡　だよね。 ○（1dLでぬれる面積）×（ペンキの量）＝（ぬれる面積）　にあてはめるといいんじゃないかな。 ○$\frac{1}{3}$dLだったら，$\frac{4}{5}$㎡×$\frac{1}{3}$dL ぬれる面 ＿＿＿＿＿＿＿＿＿＿＿（㎡） ペンキの量 ＿＿＿＿＿＿＿＿＿（dL） 　　0　　　　　　　1　　　　2	□整数を例にかけ算になることを説明させる。
○例えば，2dLだったら×2をするから，2倍でかけ算になる。$\frac{1}{3}$倍ということになるから，$\frac{4}{5}$×$\frac{1}{3}$で求められる。 ○小数のかけ算でも，1よりも小さい数をかけると，積はかけられる数よりも小さくなった。 ○数直線に矢印をつけるとわかりやすいよ。	□黄色のチョークで「倍」を板書し強調する。
■かけ算の式になる理由をノートにメモさせ，ペアトークで理解を確かにさせる。　**Point ❷**	◎ノート・発言
■教科書の練習問題に取り組ませる。	◎ノート・発言

実践事例90　6年　分数のかけ算　**207**

実践事例

91

6 年

分 数 の わ り 算　　〔1時間目〕

問題	1dL で広くぬることができるのはどちらかな。 A：5dL で2㎡ぬれるペンキ B：$\frac{1}{4}$dL で$\frac{2}{5}$㎡ぬれるペンキ

　分数のわり算では，立式すること，そして計算の仕方を考えることに難しさがあります。この2つを解決する授業を考えました。

Point ❶　整数との比較ができる選択型の問題提示を

　「1dLあたりのぬれる面積」と捉えることにより，「ぬれる面積÷ペンキの量」とすることができます。全員に予想を立てさせるため，整数÷整数と分数÷分数の2つの式から選択する問題提示としました。自分の考えを表明させるためだけではなく，整数÷整数の式との比較から類推させ，分数のわり算の立式を導くこともねらいとしています。

Point ❷　分数でわることの意味の理解を

　ペンキの量を1dLで考えるために，数直線を用いて数量の関係を表します。立式では$\frac{2}{5}÷\frac{1}{4}$であったものが，数直線で考えると$\frac{2}{5}×4$となることに気がつきます。「本当に$÷\frac{1}{4}$の計算を$×4$としていいのか」を課題とし，これまで学習してきたことをもとに解決していきます。面積図や，わられる数とわる数の関係，「一方が$\frac{1}{4}$倍になっているとき，もう一方も$\frac{1}{4}$倍になる」という比例関係などの考えを集団解決で扱います。

Point ❸　共通点を探し，まとめに迫る

　集団解決で，それぞれの計算の仕方について比較します。すると，どの方法も最終的には$\frac{2}{5}×4$になっていることがわかります。共通点について考えていくことで，課題であった分数のわり算の計算の仕方をまとめていきます。

本時の目標	分数÷単位分数の計算の仕方を考え，説明できる

教師の働きかけ(■)と子どもの反応(○)	留意点(□)・評価(◎)
■問題文を板書する。 　　1 dLで広くぬることができるのはどちらのペンキかな。 　　A：5dLで2㎡ぬれるペンキ　　B：$\frac{1}{4}$dLで$\frac{2}{5}$㎡ぬれるペンキ ■立式させる。　**Point ①** ○2÷5にすると「1dLあたり」にできるね。 ○「ぬれる面積÷ペンキの量」だから，整数と同じように考えると$\frac{2}{5}÷\frac{1}{4}$だね。 ■分数÷分数の答えはいくつかな。　**Point ②** ○かけ算のように数直線に表すといいよ。 ○$\frac{1}{4}$dLを1dLにするために4倍しているから，$\frac{2}{5}×4$で求めることができるのかな。 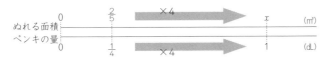 　　$\frac{2}{5}÷\frac{1}{4}$と$\frac{2}{5}×4$の答えは同じかな。確かめてみよう。 ■ノートに考えを書こう。 ■みんなで考えよう。　**Point ③** ○数直線の見方を変えてみると 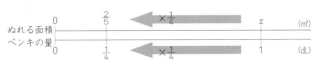 $x×\frac{1}{4}=\frac{2}{5}$　だから$x=\frac{2}{5}×4$だね。 ○面積図にすると 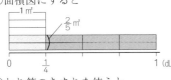　どのやり方も 　　　　　　　　　　$\frac{2}{5}×4$になっ 　　　　　　　　　　ているね。 ○わり算のきまりを使うと $\frac{2}{5}÷\frac{1}{4}=(\frac{2}{5}×4)÷(\frac{1}{4}×4)=\frac{2}{5}×4$ ■教科書の練習問題に取り組ませ，ペアトークさせたあと，まとめる。 ○$\frac{1}{□}$でわる計算は□でかけても答えは変わらないよ。	□整数の計算と比較し，分数÷分数の立式をさせる。 □わり算の計算が数直線で考えるとかけ算になることに注目させる。 ◎ノート・発言 □子どもから出てこない考えについては教師から提示し，何をしているのか考えさせる。 □3つのやり方の共通点について考えさせる。 □答えだけではなく，考えも記述させる。 ◎ノート・発言

6 年

速 さ　　　〔1時間目〕

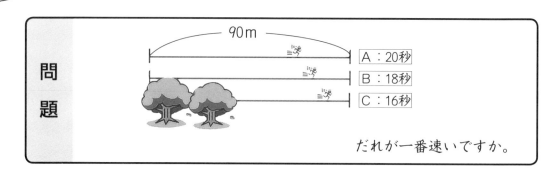

問題

だれが一番速いですか。

　教科書では、「同じ道のりで時間が異なる自転車」と「同じ時間で道のりが異なる自転車」、「道のりも時間も異なる自転車」の3つの比較を取り上げています。本問題でも、教科書の趣旨を生かしつつ、走者Cの道のりを隠して提示することにより、「道のりと時間の関係によって決まる」という速さの意味を理解できるようにしています。

Point ❶　「速さ」の捉え方を明確に

　子どもにとって「速さ」の概念はあいまいなものです。「タイムが速い走者が速い」「先に着いた走者が速い」「道のりが短い方が速い」など、「速さ」を感覚的に捉えている場面に多く出合います。そこで、本時では、走者Cの道のりを隠して提示することで、「時間が短くても、その分道のりが短ければ必ずしも『速い』とはいえない」「同じ道のりなら時間の短い方が『速い』といえる」「道のりと時間の両方をみて、速さを判断しなければいけない」などという考えを引き出したいと考えました。

Point ❷　「困った」から課題へ

　BとCの「速さ」を比較するときには、戸惑う子どもが出ることが予想されます。そこで、BとCが比べにくい理由を問い、「道のりと時間をどのようにそろえていけばよいか」という解決への見通しをもてるようにしています。

Point ❸　式や答えの意味を問い返して、まとめに

　「5」や「3.125」などの数値が子どもから出された際に、その意味を問い返すことで、「道のりあたりの時間」「時間あたりの道のり」など、「単位量あたりの大きさ」の考え方を用いていることに気づかせ、子どもの言葉を生かしてまとめにつなげていきたいものです。

本時の目標	時間と道のりの関係から，単位量あたりの大きさの考えを用いて速さを表し，説明できる。

教師の働きかけ（■）と子どもの反応（○）	留意点（□）・評価（◎）
■徒競走をしている３人の絵を提示し，「誰が一番速いですか」と問い，板書する。　**Point❶** 　○AとBを比べると，Aの方が時間がかかっている。だからBの方が速い。 　○Cは，一番時間がかかっていないから速いかもしれないが，長さがわからない。 　○時間が短くても，長さが短ければ「速い」とはいえない。 ■Cの走った長さが50mであることを明かす。　**Point❷** 　○やっぱりCが一番速いとはいえない。 　○CとBは，比べにくいよ。 　○同じ長さで走った時間，または同じ時間で走った長さを比べなくてはいけない。 ■子どもたちの発言につなげ，課題を板書する。	□教科書は開かない。 □「時間が短いCが速いのではないか」と問い，時間と道のりの関係によって，速さが決まることを確認していく。 □ICTの活用などで，視覚的に速さを捉えられるようにする。 □BとCが比べにくい理由を問い，走る長さがそろっていなくては，比べられないことに気づかせる。

BとC，どちらが速いのか説明しよう。

■ノートに自分の考えを書きましょう。 ■机間指導で，子どもの考えを把握し，取り上げる考えと順序を構想する ■みんなで考えていきましょう。　**Point❸** 　○90と50の公倍数で考えると…。 　○Bは，90÷18＝5で，1秒間に5m進むといえる。 　○Cは，50÷16＝3.125で，1秒間に3.125m進むといえる。 　○Bは，18÷90＝0.2で，1m進むのに0.2秒かかるといえる。 　○Cは，16÷50＝0.32で，1m進むのに0.32秒かかるといえる。 　○速いのはBだといえるね。 　○1mを進む時間か，1秒間に進む長さか，どちらかにそろえればいいんだ。 ■教科書で，板書のキーワードとつなげて確認し，まとめる。 ■教科書の確認・練習問題に取り組ませ，ペアトークさせる。	◎ノート ◎発言・ノート □数や式の意味を問い，1（単位量）あたりの数を求めていることに気づかせる。 □色チョークで「1mあたりの時間」「1秒間あたりの長さ」「単位量あたりにそろえる」などのキーワードを加え，まとめにつなげる。 □教科書を開く。 ◎ノート・発言

実践事例 92　6年　速さ　**211**

実践事例 93

6 年

円の面積　〔1時間目〕

> **問題**
> 円を細かく分けて，並びかえます。
> どんな形に近づくでしょうか。
> 　　※円の半径は10cm

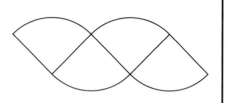

教科書では，円の面積を求めるために等積変形する流れになっていますが，今回は，等積変形した結果，面積を求められることに気づくという流れを計画しました。実感を伴った理解につなげるため，操作活動を取り入れています。

Point ❶　図の提示と実演で見通しをもたせる

並びかえた図だけを提示するのではなく，4等分を並びかえる実演を見せて，子どもたちに見通しをもたせます。その際には，「円周を…」や「半径で…」などの用語を意図的に用いたり，図に書き込んだりして，公式づくりへの意識づけをしておきます。

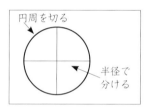

Point ❷　新たな課題を導き，本時のねらいに迫る

本時の目標は円の面積を求めることであって，等積変形ではありません。そこで，等積変形の結果をもとにして，面積を求めようとする新たな課題を設定します。その際には，教師の問い返しを基本として，子どもとのやり取りから，自然なかたちで導くことを目指します。

T：どの形（変形後）の面積が大きい。→C：すべて等しいよ。
T：すべて面積を求められるね。→C：長方形に似たものなら…。
T：長方形だけがわかるんだね。→C：長方形がわかれば円も…。

Point ❸　教師が整理しながら公式づくりを進める

せっかく円の面積を求められたのに，公式づくりを子どもだけに任せて，混乱を招くのは避けたいものです。集団解決で導いた「半径×円周の半分」の考え方を認めつつ，子どもとやり取りしながら，「円周（直径×3.14）の半分＝半径×3.14」と整理し，円の面積の公式を導きます。

本時の目標	等積変形をもとにして，円の面積の求め方を考え，説明できる。

教師の働きかけ(■)と子どもの反応(○)	留意点(□)・評価(◎)
■半径で4等分した円を並びかえる実演をする。 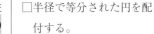 ■問題文を板書し，ノートに書くように促す。 ■直感で予想させる。	
等分した円を並びかえて，形を確かめよう。	
■8等分，16等分，32等分のどれか1つを選び，実際に切り分けて並びかえる。	□半径で等分された円を配付する。
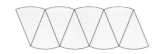 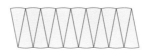 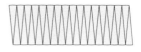	
○長方形に近づいてきたよ。 ■「最も面積が大きいのは」や「長方形に似た32等分だけ面積がわかるね」などの問いかけから，新たな課題を引き出し，板書する。	□変形しても面積は等しいことを話し合い，課題を導く。
円を変形させた長方形の面積を求めよう。	
■机間指導で子どもの考えを把握し，指名計画を立てる。	□机間指導中に，「縦は円のここだったんだ」などと拡声し，解決のヒントにする。 ◎発言・ノート
■みんなで考えていきましょう。 　○並べかえをもとに戻せば，円のここ（半径）になるよ。 　○縦は，もとの円の半径だよ。 　○横は，円周になりそうだけど…	
■横は円周全体でいいのかな。 　○長方形の片側だけを戻せば半円になるよ。 　○円周の半分だから，「10×3.14÷2＝15.7」。 　○面積は，「5×15.7＝78.5」になるね。	□図と式を行き来しながら，数値と図形の部位を関連づける。 ◎発言
■面積は，半径と円周の半分で求められたね。 ■長方形の面積を求めた式を整理して円の面積の公式を導き，教科書で確認する。	□数をあてはめながら「直径×3.14÷2」と「半径×3.14」が等しいことを確かめる。
■教科書の練習問題に取り組ませ，半径10cmの円の面積を求め，式と答えをペアトークさせる。	◎発言・ノート

6年 比例と反比例　〔1時間目〕

問題

A　水そうに，1分あたり2リットルの水を入れたときの「時間（分）」と「水の量（L）」

時間(分) x	1	2	3	4	5	6	7	8	9
水の量(L) y	2	4	6	8	10	12	14	16	18

B　4リットルの水が入った水そうに，1分あたり2リットルの水を入れたときの「時間(分)」と「水の量(L)」

時間(分) x	0	1	2	3	4	5	6	7	8	9
水の量(L) y	4	6	8	10	12	14	16	18	20	22

同じ変わり方といえるでしょうか。

　子どもたちは第5学年までに，簡単な場合の比例関係について学習しています。本単元では，比例関係の理解を深めるとともに，2つの値の商に着目するという「対応の見方」を理解できるようにしていきます。そこで本問題では，よく見られる誤概念を生かした提示を考えました。

Point ❶　誤概念を生かした問題を提示する

　子どもたちは，「表の数値が横にどのように変化しているか」という見方を養ってきています。その経験などから，「いくつずつ増えている」という変化には気づきやすいと思われます。しかし，「『いくつずつ増える』という変化をしている関係は，必ず比例関係になっている」と思い込んでいる子どもが少なからずいるのではないでしょうか。本問題はそのような実態を踏まえたものとなっています。

Point ❷　伴って変わる2つの数量の関係を深く考察する

　そのような子どもたちの誤概念を覆すことで，「いくつずつ増える」という変化が比例関係なのではなく，比例関係では一方が2倍，3倍，……になると，もう一方も2倍，3倍，……になる関係なので，「結果としていくつずつ増えているんだ」ということを正しく理解するとともに，yだけでなくxの値と一緒に考察することが重要だということに気づけるようにしていきたいと思います。

本時の目標	表を用いて，比例する２つの数量の変わり方に着目し，その特徴を見いだすことができる。

教師の働きかけ（■）と子どもの反応（○）	留意点（□）・評価（◎）
■表を黒板に掲示し，問題を板書する。子どもにはカードを配り，ノートに貼らせる。	□教科書は開かない。
■予想を挙手させる。 **Point ❶** 　○同じような変わり方に見えるよ。 　○どちらも比例だよね。 　○よく見るとBは時間が０分から始まっているよ。 　○同じ変わり方とはいえないのだろうか。	
■課題を板書する。	

　２つの数量の変わり方を比べよう。　

教師の働きかけ（■）と子どもの反応（○）	留意点（□）・評価（◎）
■ノートに自分の考えを書きましょう。	◎ノート
■机間指導で，子どもの考えを把握し，取り上げる考えと順番を構想する。	◎発言
■みんなで考えていきましょう。 **Point ❷** 　○どちらも水の量が２ずつ増えているから，同じ変わり方といえるよ。 　○はじめはどちらも比例だと思ったけれど，Bの表は，時間が２倍になっても水の量は２倍になっていないよ。 　○一方が２倍，３倍，…になると，もう一方も２倍，３倍，…になる関係を「比例」といったね。 　○Aは比例だけれど，Bははじめに水が入っていたから，比例の関係になっていないんだね。	□色チョークで線やキーワードを加えてまとめにつなげる。 □教科書を開く。

■教科書を開かせ，確認問題に取り組ませる。	
○一方が$\frac{1}{2}$倍，$\frac{1}{3}$倍，$\frac{1}{4}$倍，…になると，もう一方も$\frac{1}{2}$倍，$\frac{1}{3}$倍，$\frac{1}{4}$倍になるね。	

C　年数と年令

年数（年後） x	1	2	3	4	5	6	7	8	9
年齢（オ） y	13								

D　くぎの「本数」と「重さ」

くぎの本数（本） x	1	2	3	4	5	6	7	8	9
全体の重さ（g） y	3								

■教科書で比例について確認する。	
■「C，Dは，２つの数量が比例しているか」という練習問題に取り組ませ，ペアトークさせる。	◎ノート・発言

実践事例94　6年　比例と反比例　**215**

6年 角柱と円柱の体積　〔1時間目〕

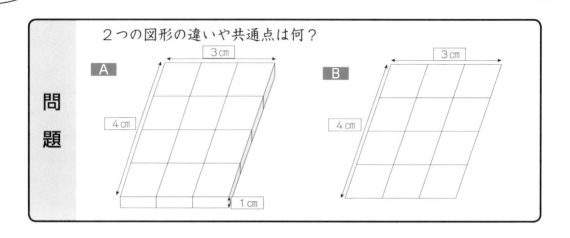

問題：2つの図形の違いや共通点は何？

　教科書では，四角柱の体積を求める問題を提示し，高さと体積の関係を表に書き込んだ後，四角柱の高さが1cmの時の体積と，底面の面積を比較させています。本時では，このような教科書の提示を生かし，上記のようなA，Bの比較を先に行い，体積と面積の数が同じになるのはなぜかを考えられるように工夫しました。

Point ❶　「はてな？」を生み，追究させる

　本時では，子どもがAとBの違いについて考えることを通して，AもBも「12」という数が導き出されることに気づきます。そこから，「立体と平面で形が違うのに，求める答えが同じ数になるのはなぜか」という「はてな？」が生まれます。そのことから，「高さが1cmの場合は同じだけど」「例えば，高さが2cm，3cmだったら…」と追究していく子どもの姿が期待されます。

Point ❷　ねらいに迫る考え方は，自分たちで発見したと思えるように

　「『高さ』によって体積が変化する」と気づいた際には，式を整理することで「高さ」と「体積」の比例関係を発見できます。さらに，表に数値を書き込んでいくと，「体積＝12×高さ」の関係を見いだすことも可能です。このような考えが出された段階で教科書を開き，「底面積×高さ」の公式を確認することで，自分たちで発見した「高さが変わっても変わらない値としてのB＝A」を「底面積」として理解できるでしょう。

本時の目標	底面が長方形の四角柱の体積の求め方を考え，説明できる。

教師の働きかけ(■)と子どもの反応(○)	留意点(□)・評価(◎)
■問題の場面について話し合う。 　○Aは，高さがあるから立体の図形だね。 　○Bは，たてと横の長さしかない。 　○Aは，体積を求めることができるよ。 　○Bは，面積を求めることができるね。 　　　　　面積や体積を求めて比べてみよう。 　○Aの体積は，「たて×横×高さ」で，「4×3×1＝12cm³」だね。 　○Bの面積は，「たて×横」で，「4×3＝12cm²」だね。 　○Aは体積，Bは面積だけど，数は同じになるんだね。 ■CとBにも共通点はあるのかな。 ■個人思考させ，ノートにメモさせる。 ■みんなで考えていきましょう。　　　　Point❶ 　○Bは4×3，Cは4×3×2で，どちらにも4×3がある。 　○Bは12（cm²），Cは12×2（cm³），どちらも12がある。 ■12×2って何のことかな？ 　○Aの2倍。 ■どうして2倍っていえるの？ 　○Aは2段だから高さが2倍だ。 ■高さが2倍なら，体積も2倍になるの？　　Point❷ 　○「高さ」と「体積」が比例の関係になっているのかな？ ■ほかの高さも調べてみよう。 | 高さ x (cm) | 1 | 2 | 3 | 4 | |---|---|---|---|---| | 体積 y (cm³) | 12 | 24 | 36 | 48 | 　○表に表すと，yはいつもxの12倍だ。 　○「12」のことを，「底面積」というんだね。 　○四角柱の体積は，「底面積×高さ」で求めることができるね。 ■教科書の練習問題に取り組ませる。	□AとBの様々な違いについて，気づいたことを数多く引き出す。 ◎ノート C  □Aは立体，Bは平面であるのに，なぜ同じ数が求められたのかを問い，「高さ」に着目させる。 □体積と面積の数が異なるのはどんな場合かを問い，高さの変化について考えられるようにする。 □高さの変化にともなって変わること（体積），変わらないこと（底面積）に子どもが気づくよう板書したり表を用いたりする。 ◎発言 □「12」は変わらず，高さの変化によって体積が変わることが子どもから引き出された段階で教科書を開き，まとめる。 ◎ノート

実践事例

96 6年 比 〔1時間目〕

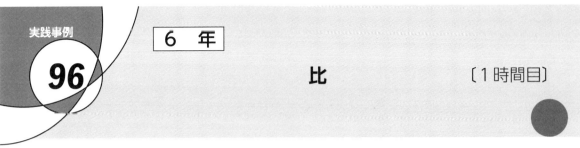

問題
ミルクコーヒーを作っています。
同じ味になるのは，どちらでしょうか。

比は，日常生活のいろいろな場面で用いられています。教科書でもなじみのあるミルクコーヒーで問題を提示しています。子どもたちは，ミルクとコーヒーの割合が変わると違う味になるのを経験上知っています。ミルクとコーヒーの量を増やし，同じ味にするにはどうしたらいいか考えさせています。

Point ❶ 子どもの考えを引き出すように教科書を活用する

本時は，教科書にあるAとBの図を提示する問題としました。教科書では，図とともに答えの求め方も示されています。そのため，授業の最初では教科書は開かずに，教科書の図だけを用いて同じ味になるのはどちらか尋ねます。必要な部分だけを示して，子どもの考えを引き出すことをねらいました。

Point ❷ わかりやすい場面に置き換えて考えさせる

図や割合の考えを用いてBの考えが正しいと納得できても，Aの考え方である「同じ数ずつ増やす」がどうして誤りなのか納得できない子どももいると考えます。わかりにくい2：3と4：5で比較せずに，個人思考で「同じ数ずつそのまま増やしたら…」とした子どもの考えを一部紹介します。そして，「○○さんの考えたことはわかる？」と投げかけ，2：3と50：51といった場合で比較させます。50：51では，ミルクとコーヒーがほとんど同じ量なので，Aが誤りだとわかります。「もし○○ならば…」とほかの数値に置き換えて考えると，よりわかりやすくなる場合があることを確認します。

本時の目標	図を用いたり，割合と関連させたりして，等しい比を見つけることができる。

教師の働きかけ(■)と子どもの反応(○)	留意点(□)・評価(◎)

■問題文を板書し，図を提示する。　**Point ❶**　　　□教科書は開かない。

同じ味になるのは，どちらでしょうか。

■AとBの増え方の違いを考え，どちらが正しいか予想させる。
　○ミルクとコーヒーの両方を2カップ増やしているから，Aが同じ味だよ。
　○コーヒーの増え方が，AとBでは違うね。

□根拠をもって説明する姿を認める。

■課題を板書する。

　　　　どちらが同じ味か，説明しよう。

■ノートに自分の考えを書きましょう。
　○Aはミルク2カップに対して，コーヒーが3カップにならないよ。
　○Bはミルクが2カップに対して，コーヒーが3カップになるね。
　○カップを大きくすると，最初と同じようにミルクが2カップで，コーヒーが3カップになるよ。

□Bが正しいと考えている子どもには，どうしてAだと同じ味にならないのか考えさせる。
◎ノート

■みんなで考えていきましょう。　**Point ❷**
　○ミルクとコーヒーのカップを同じ数ずつ増やすと50杯と51杯になって，ミルクとコーヒーの量がほとんど同じになるから違うね。
　○同じ味にするには，ミルクを2，コーヒーを3にするといいね。

◎発言・ノート
□置き換えて考えるよさを実感させる。
□Bの図や子どもたちの発言をもとにまとめを行う。

■同じ味になるほかの比を探させたあとにペアトークさせる。

◎発言・ノート

実践事例 97

6年

拡大図と縮図　〔1時間目〕

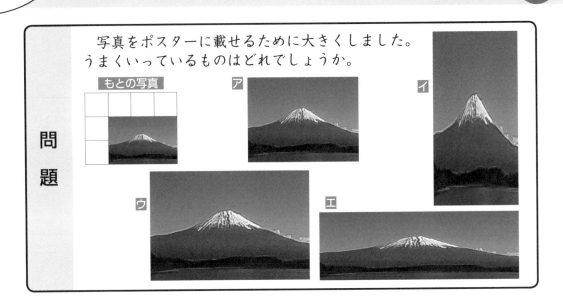

Point ❶ 「拡大(縮小)」するというイメージについて話し合い，共有できる問題を

　図を正しく拡大（縮小）できたかどうかの判断は，主観に左右されやすいため，見る人によって異なる基準で判断し，話し合いの論点がずれてしまうことは避けたいものです。本問題では，様々な方法で拡大した長方形の写真を提示することから，「絵の形がおかしい」「同じ形でないとうまく大きくしたとはいえない」という共通したイメージをもたせます。また，「たてと横，どちらかの辺のみを長くしても大きくできない」などと話し合うことを通して，ほかの写真についても辺の長さを調べようとする子どもの姿が期待されます。

Point ❷ 「はてな？」をもとに，「だったら」「例えば」と考える展開に

　アとウの写真について，「たて，横の辺を等しくのばす」「たて，横の辺を等倍する」という2つの考えが出された段階では，どちらがうまく拡大できたかについて判断が分かれることが予想されます。「本当にどちらの方法とも妥当かな？」「でも，アの写真は少し形が変わっている気がするな」などという疑問を生かして，「だったらもっと大きい場合で確かめてみたら…」「例えば辺の長さを5cmずつのばした場合は…」などと考える子どもの姿を引き出したいものです。

本時の目標	拡大図，縮図について，対応する辺の長さや角の大きさに着目して特徴を説明できる。

教師の働きかけ(■)と子どもの反応(○)	留意点(□)・評価(◎)
■問題の場面について話し合う。　**Point ❶** 　○イエは，明らかに失敗しているように見えるよ。 　○アウは，見た目はもとの写真と同じだね。うまくいっているんじゃないかな。 　○横やたての長さだけをのばしてもだめなんだよ。絵の形が変わってしまう。 　○ぼくは，アが少しおかしい気がするよ。 　○辺の長さを測ってみれば，はっきりするんじゃないかな？ 　　　　「うまくいく方法」と「失敗する方法」のわけを説明しよう。 ■問題と同じ写真をもとに個人で考えてみよう。　**Point ❷** 　○アは，もとの写真より，たても横も１cmずつ長くなっている。 　○ウは，たてが４cmで横が６cmだ。たてと横で同じ長さを増やしたわけじゃないんだね。 　○アとウ，どちらがいいのだろうか？ 　○アの考えは，たてと横を同じ長さだけ長くしている。 　○ウの考えは，たてと横を，両方２倍の長さにしている。 ■両方ともうまくいく方法と考えていいのかな。 　○もっと大きくしたときにも，このきまりが成り立つだろうか？ 　○たてと横を５cm長くして，たて８cm，横７cmにすると，へんな形になってしまう。 　○大きくしたときにうまくいく考えは，長さを２倍，３倍…としていくウの方法だね。  ■この場合も，うまく大きくしたといえますか？ 　○たてと横の長さが２倍・３倍…になっていても，これは平行四辺形だから，絵が違う形になってしまうよ。 　○拡大図，縮小図というのは，対応する辺の比が等しく，対応する角の大きさも等しいんだね。  ■教科書の確認・練習問題に取り組ませ，ペアトークさせる。	□個人思考の際に見通しをもって考えるために，「たて」「横」「辺の長さ」「絵の形」などのキーワードを引き出しておく。 □ワークシート（アウの写真を印刷したもの）を配付する。 ◎ワークシート記述 □アウどちらも本当にうまくいっているのかという疑問を引き出し，より大きくした場合について調べる必要感をもたせる。 ◎発言 □長さの比は等しく拡大しているが，形が平行四辺形に変わった写真を提示する。 □教科書を開き，確認しながらまとめる。 ◎ノート・発言

実践事例 97　6年　拡大図と縮図

実践事例 98

6 年

場合の数　〔1時間目〕

問題

4人チームで走るリレーの組み合わせは，全部で4通りである。
○か×か。

　「場合の数」は，算数が苦手な子どもも自分なりのやり方で取り組める印象があります。そこで，問題をあえて「ちょっと考えたらわかるような誤答」に○×の2択で答えるかたちにしました。誤答を提示することで，子どもたちの「違う！」「だって」を引き出し，主体的な取り組みにつなげられるからです。子どもたちの実態に応じて，実際に4人で並んでみたり，並べて確かめられる人形などを用意して問題提示を行うことも考えられます。

Point ❶　子どもに考えの一部を板書させ，みんなで考える展開に

　みんなで考えていくため，子どもに考えを板書させる際には，1人に全部を書かせません。本時では，「思いつくまま書いた考え」をみんなで検討し，「わかりづらさ」や「混乱」を実感させて，「もっとわかりやすくしたい！」という必要感を引き出そうとしています。また，整理して調べたときに「落ちや重なり」がないのはなぜなのかを確認する場面では，図や表を用いるよさを共有させたいものです。

Point ❷　まとめを意識して，集団解決の充実につながる指名計画を

　机間指導では，集団解決の充実に向け，指名計画を構想します。それは，どの考えをどの順に取り上げ，どう強調するかが，自然な「まとめ」を左右するからです。「思いつくままの考え」を最後に取り上げたのでは，元も子もありません。子どもたちの検討を通して，考えが洗練，収束していくようにしたいものです。そのことで，図や表を用いて順序よく調べるよさを実感し，「落ちや重なり」をなくす調べ方が強く印象に残り，確かな理解につながります。

本時の目標	順列について，起こりうる場合を順序よく調べるよさに気づき，図や表を用いて調べることができる。

教師の働きかけ(■)と子どもの反応(○)	留意点(□)・評価(◎)
■4人（ひむろ・ほてい・まつい・たかはし）の絵を提示し，リレーの場面であることを伝える。	□教科書は開かない。 □並べ方は，何通りかあると確認する。
■問題文「4人チームで走るリレーの組み合わせは，全部で4通りである。○か×か。」を板書し，ノートに書くよう促す。	□「もっとある」という声を取り上げる。
■予想を尋ね，挙手させる。	
■「×」の考えを聞き，「本当？」と問い返して，課題を板書する。	

> 走る順番が何通りあるか，調べよう。

■机間指導で，「1文字目だけ書いている子ども」「1番目を決めて考えている子ども」に話しかけ，そのやりとりを通して，考えが停滞している子どもの手だてとする。　Point❶	□5分程度とり，途中で数名の考えの一部を板書させる。 ◎ノート
■みんなで考えよう。　Point❷	

（その1）思いつくまま	（その2）整理して	（その3）簡単に
ひーほーまーた ほーひーまーた まーひーほーた たーほーひーま ひーほーまーた	ひーほーまーた ひーほーたーま ひーまーほーた ひーまーたーほ ひーたーほーま	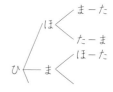

○（その1）思いつくままに書くと，足りないもの（落ち）や同じもの（重なり）があるよ。 ○（その2）1番目から順序よく考えれば，落ちや重なりがないように調べられるよ。 ○（その3）1番目の人を固定して調べていくと，すっきりしてわかりやすいよ。	□考えが洗練されていくことに気づかせ，キーワードを色チョークで板書し，まとめにつなげる。 ◎発言・ノート
■調べ方のよさを教科書で確認する。	□教科書を開く。
■教科書の確認問題に取り組ませ，ペアトークさせる。	◎ノート・発言

実践事例 99

6 年

資料の調べ方　〔2時間目〕

| 問題 | 1個の重さが300gの湯飲みを作ろうとしました。腕がよい職人はどちらでしょうか。 |

職人あ（単位 g）				職人い（単位 g）			
①	300	⑧	310	①	300	⑧	280
②	290	⑨	280	②	290	⑨	260
③	330	⑩	320	③	310	⑩	350
④	300	⑪	290	④	350	⑪	310
⑤	270	⑫	310	⑤	250	⑫	320
⑥	320	⑬	300	⑥	310	⑬	280
⑦	280	⑭		⑦	260	⑭	330

前時までに，資料の代表値としての平均を学習しているので，本時でも平均を求めることから学習を始めます。しかし，平均の値は等しくなることから，子どもの「はてな？」を引き出し，散らばりに注目する必要感につなげます。

Point ❶　教師が提示するものと，子どもに気づかせるものを見きわめる

散らばりを数直線を用いて調べるという考えを，子どもから引き出すことは容易ではありません。本時の目標は数直線に気づくことではなく，散らばりを調べることであることから，教師から数直線を提示し，そのぶん，集団解決や練習問題の場面に十分な時間をかけることにします。

Point ❷　異なるタイプの練習問題で，確かな理解につなげる

必ずしも「散らばりは小さい方がよい」とはかぎりません。そこで，本時の主問題とは異なるタイプの練習問題に取り組ませ，散らばりを活用して，資料の傾向を表現させています。

（練習問題）
A，Bのにわとりが産んだ卵の重さの平均はどちらも同じです。次の1個を買うとしたらA，Bどちらの卵を買いますか。
（子どもの反応）
A：大きい卵かもしれないから…。
B：次の卵も50gぐらいかな…。

にわとりA（g）		にわとりB（g）	
①	54	①	50
②	46	②	49
③	50	③	50
④	52	④	51
⑤	47	⑤	52
⑥	51	⑥	50
⑦	48	⑦	48
⑧	54	⑧	49
⑨	52	⑨	51
⑩	46	⑩	50

224　Ⅱ 実践編

本時の目標	散らばりの様子から資料の特徴を調べ，説明できる。

教師の働きかけ(■)と子どもの反応(○)	留意点(□)・評価(◎)
■陶芸の様子や湯飲みの写真を見せる。	
■2つの表を提示し，問題文を板書する。問題をノートに書くように促す。	□表を配付する。
■今回は，個数の大小は腕のよしあしの判断基準にしないことを伝え，直感で予想させる。	
■どうやって比べられるかな？ ○平均で比べればいい。	□あいの合計は教師が提示する。
■平均が同じだから，腕のよさも同じだね。 ○300gとの差が大きい数値があるけれど…。	
■数値の散らばりに注目する考えを引き出し，「それでは」とつなげ，課題を板書する。	

散らばりの様子を調べよう。

■数直線に表して調べよう。　　**Point ❶**　　□数直線を配付する。

職人あ

⑨ ⑪ ⑬ ⑫ ⑩
⑤ ⑦ ④ ② ① ⑧ ⑥ ③
250 260 270 280 290 300 310 320 330 340 350

職人い

⑪
⑨ ⑬ ⑥ ⑩
⑤ ⑦ ⑧ ② ① ③ ⑫ ⑭ ④
250 260 270 280 290 300 310 320 330 340 350

■みんなで考えましょう。 ○職人あは300の近くにそろっている。 ○職人いは散らばっていて，範囲が広い。	◎プリント・発言
■職人を紹介するとき，どんな名前にする？ ○あはベテラン職人，いは新人職人　など	□ネーミングで職人の特徴を明確にする。
■本時の問題の答えを確認する。 ○数直線に表したから散らばりがわかった。	
■ほかの場面（卵の問題）でも散らばりを調べることで，資料の特徴がわかるか確かめる。　　**Point ❷** ○こんな数直線になったよ。	
■全体で散らばりの様子を確認したあと，自分はどちらのにわとりを選ぶか，考えを発表し合わせ，本時のまとめをする。	□表と数直線を配る。 ◎プリント・発言
■教科書の練習問題を宿題にする。	

実践事例 99　6年　資料の調べ方　**225**

実践事例 100

6年 いろいろな単位　〔1時間目〕

> **問題**
>
> 外国のジュースのペットボトルに25cLと書いてありました。「1cL」は，表のどこに入るでしょうか。
>
> | | ア | イ | ウ | | エ | オ | カ |
> |---|---|---|---|---|---|---|---|
> | 長さの単位 | 1km | | 1m | | 1cm | 1mm |
> | 体積の単位 | 1kL | | 1L | 1dL | | 1mL |
>
> （表中の「1」は上部中央）

　本単元は，単なる単位の換算の学習ではありません。新しい単位に出会ったときも類推して量の大きさを考えたり，メートル法のよさを実感したりできるようにすることが大切です。

Point ❶　日常生活との関連から決定問題で考えるきっかけを

　問題では，生活との関連も意識し，諸外国で用いられる「cL」の紹介から始めました。また，「関係を調べましょう」とはせず，「1cLはどこに入るの？」と決定問題にし，「どうして？」と問うことでメートル法の単位の仕組みに気づけるようにしています。

Point ❷　類推したことを確かめる流れで必要感を

　表を示し，単位の配列からメートル法の仕組みを類推させることで，1mや1Lを1とみたとき，ほかの単位が10倍や$\frac{1}{10}$になっているのではないかと考えられるようにしました。さらに，単位の共通点や相違点を問うことで，m（ミリ）やc（センチ），d（デシ），k（キロ）に注目させて課題を引き出したいと考えています。その際，具体的に考えられるよう，「ア〜カの空欄にどんな数が入るか」を表明させて理由を問う展開にしました。

Point ❸　面積を確認問題として，気づきを確かな理解に

　既習の単位がないため確かめられないイとウについても，面積の単位を加えた表を確認問題として扱い，「自分たちで気づいた」と思えるようにして理解を図り，次時からの学習を通してその持続につなげたいと考えました。

226　Ⅱ 実践編

本時の目標	メートル法の単位の仕組みに気づき，説明できる。

教師の働きかけ(■)と子どもの反応(○)	留意点(□)・評価(◎)
■写真を投影し，「25cL」という表記を紹介する。「1cLって，どれくらいなのかな？」と投げかけ，下の表を黒板に提示する。**Point❶**	□表のカードを配付し，ノートに貼らせる。

長さと体積の単位の関係

	ア	イ	ウ	エ 1	オ	カ
長さの単位	1km			1m	1cm	1mm
体積の単位	1kL			1L	1dL		1mL

教師の働きかけ(■)と子どもの反応(○)	留意点(□)・評価(◎)
■問題文「1cLは表のどこに入る？」と板書し，予想を聞き，「どうして？」と尋ねる。 ○1cmの下，「c」が同じだもん。	□ノートに書かせる。
■「単位には共通点や違う点はある？」と問い，「m（ミリ），c（センチ），d（デシ），k（キロ）の関係を考え，□を考えよう」と課題を板書する。**Point❷**	□1mと1Lの真上には「1」が入ることを確認する。
■机間指導で，子どもの考えを把握して指名計画を立てる。 ○1km=1000mだから…。 ○1L=10dLだよね。 ○1L：1dL=1：□って考えると…。	◎ノート □途中で「1kmは何mだったかな」などと意図的につぶやく。
■みんなで考えていきましょう。 ○1kLも1kmも1000Lや1000mだから，kのところは1000倍だよ。 ○1mが100cmだから，1cm=1/100mだよ。 ○イとウは，たぶん100倍と10倍だよね。	□色チョークで単位を矢印でつなぎ，□倍などと板書，強調する。 ◎発言
■確認問題として表を提示し，ペアトークさせる。**Point❸** ○1aは10m²だよね。やっぱり10倍だ	□表のカードを配付 ◎発言，ノート

長さと面積，体積の単位の関係

	ア 1000倍	イ	ウ	エ 1	オ $\frac{1}{10}$	カ $\frac{1}{100}$	キ $\frac{1}{1000}$
長さの単位	1km			1m		1cm	1mm
面積の単位	1km²	1ha	1a	1m²		1cm²	1mm²
体積の単位	1kL			1L	1dL		1mL

教師の働きかけ(■)と子どもの反応(○)	留意点(□)・評価(◎)
■イとウの考えを尋ね，教科書で確認する。 ■教科書の練習問題に取り組ませ，ペアトークさせる。	◎ノート，発言

実践事例100　6年　いろいろな単位　**227**

〈引用・参考文献〉

細水保宏（2015）『算数のプロが教える学習指導のコツ』東洋館出版社

細水保宏ほか（2012）『「はらはら，わくわく，どきどき」がある導入のつくり方』教育出版

細水保宏（2012）「算数授業の質の向上を目指して(1)―教科書の積極的な活用で算数授業を変える―」
『教育研究』10月号，初等教育研究会

細水保宏（2009）『算数のプロが教える授業づくりのコツ』東洋館出版社

金本良通（2014）『数学的コミュニケーションを展開する授業構成原理』教育出版

古藤　怜（1990）『算数科 多様な考えの生かし方まとめ方』東洋館出版社

古藤　怜・池野正晴（2010）『Do Mathの指導』東洋館出版社

中島健三（2016）『復刻版 算数・数学教育と数学的な考え方』東洋館出版社

盛山隆雄（2013）『盛山流 算数授業のつくり方　8つのモデルと24の事例』光文書院

盛山隆雄（2014）『算数教科書アレンジ事例40』東洋館出版社

盛山隆雄（2013）『算数教科書アレンジ事例30』東洋館出版社

相馬一彦（1997）『数学科「問題解決の授業」』明治図書

相馬一彦・早勢裕明（2011）『算数科「問題解決の授業」に生きる「問題」集』明治図書

相馬一彦・國宗　進・二宮裕之（2016）『理論×実践で追究する！　数学の「よい授業」』明治図書

坪田耕三（2014）『算数科授業づくりの基礎・基本』東洋館出版社

おわりに

■できることから始めて，日常の授業を「問題解決の授業」に

　本書は，「算数科『問題解決の授業』の日常化を考える会」のメンバーがそれぞれの実践と経験を振り返り，自分たちが「問題解決の授業」に取り組み続けることになったきっかけや，その頃，疑問や難しいと感じたこと，子どもたちの反応をもとに，「はじめての」というタイトルを意識してまとめたものです。

　どうか，はじめから，すべてをいっぺんにと考えず，まずは，できることから，少しずつ取り組んでいただければ幸いです。

　私には，忘れられないいくつかの言葉があります。

〔担任していた子どもから〕

・「今日の授業は先生がずっと話していたから，眠かった。」

・「意味がわかるようになってきたから，前よりは少しましだ。」

・「算数は計算だと思ってたけど，考えることが大事なんだね。」

〔保護者の方から〕

・「今まで，家で算数のことなど話さなかったのに，父親に授業で習った問題を出して，楽しそうに説明していました。」

〔「問題解決の授業」に踏み切った先生方から〕

・「問題を決定問題にしたら，子どもたちのやる気が全然違う。」

・「問い返しを意識したら，子どもたちが話すようになりました。」

・「まだまだですが，算数の授業を考えるのが楽しくなってます。」

・「ドリルの時間は減っているのに，定着は確実によいのです。」

〔教育実習生や卒業生から〕

・「子どもの顔を見れば，どう考えても問題解決の授業しかない。」

・「あなたの授業が一番子どもとのやりとりがあると言われました。」

卒業生や学生の顔を思い浮かべて書き進めるうちに，細かすぎる具体的な提案が随分と多くなってしまいました。お許しください。

　今回，「問題解決の授業」のより具体的なイメージをもって，皆様なりにアレンジして実践いただきたいと考え，100の授業プランを加えて，出版することができました。

　願わくば，本書をお手元においていただき，皆様のこれまでの授業と比較しながら，目の前の子どもたちの実態に応じて，何か1つでも参考にしていただければ，我々としては，このうえない喜びです。

　最後まで，お読みいただき，ありがとうございました。

　　2017年2月

早勢　裕明

■編著者紹介

早勢裕明　北海道教育大学教授（釧路校）

昭和37年北海道旭川市生まれ。北海道教育大学旭川分校卒業後，昭和61年から北海道の公立小学校教員。複式の小学校にも6年間勤務。平成10・11年度に北海道教育大学大学院（旭川校）で相馬一彦氏に師事。平成14年から北海道教育庁の教育局指導主事・義務教育指導班主査を経て，平成23年北海道教育大学釧路校准教授。平成28年から現職。

算数科「問題解決の授業」の日常化を考える会　（代表：早勢裕明）

北海道の釧路管内とオホーツク管内の先生方を中心に，「問題解決の授業」に踏み切れない教師の不安の克服策や，授業の成否を分ける瞬間と対応策，算数科の複式授業の改善策などについて，日常の算数の授業を対象に，授業実践を中核として研究を進めている。

こうすればできる！ 算数科 はじめての問題解決の授業
― 100の授業プランとアイディア ―

2017年3月30日　第1刷発行

編　著　者	早　勢　裕　明 算数科「問題解決の授業」の 日常化を考える会
発　行　者	山　﨑　富　士　雄
発　行　所	教　育　出　版　株　式　会　社

〒101-0051 東京都千代田区神田神保町2-10
電話 03-3238-6965　振替 00190-1-107340

©H. Hayase 2017
Printed in Japan
落丁・乱丁はお取替いたします。

組版　ピーアンドエー
印刷　藤原印刷
製本　上島製本

ISBN978-4-316-80449-1　C3037